Dr. Zoran St. Markowitsch

Das Ertragssteuersystem in Serbien.

München 1908.
J. Schweitzer Verlag (Arthur Sellier).

Inhalts-Verzeichnis.

Literatur.

Die finanzpolitische Literatur ist in Serbien von sehr geringem Umfange. Insbesondere ist das Steuerwesen fast gar nicht bearbeitet. Ausser einigen kleinen Abhandlungen ist weiter in der serbischen, wie in der ausländischen Literatur nichts vorhanden. Auch die Protokolle der Nationalversammlung, die sonst ein bedeutendes Material bieten, konnten wir bei dieser Arbeit sehr wenig in Gebrauch nehmen, denn die bezüglichen Debatten sind meistenteils belanglos. Das Material beschränkte sich daher in der Hauptsache auf die Gesetzestexte.

Die Statistischen Daten sind nur bis zum Jahre 1901 vorhanden. Sie werden vom serbischen statistischen Amte, in Form von „statistischen Jahrbüchern" veröffentlicht.

Folgende Werke, ausser der fachmännischen Literatur, haben wir bei der Bearbeitung des „Ertragssteuersystems in Serbien" gebraucht:

Andonowitsch, M., Dem serbischen Staate ist die Katastralvermessung notwendig. Belgrad 1905.

Drenkoff, Dr., Die Steuerverhältnisse Bulgariens. Jena 1900.

Jossimowitsch, Die Gewerbesteuer nach dem Gesetze vom 15. Januar 1901. Belgrad 1901.

Kanitz, F., Serbien. Historisch-ethnographische Studien aus den Jahren 1859—68. Leipzig 1868.

v. Laveley, Die Balkanländer. 1886.

Markowitsch, Dr. M., Die serbische Hauskommunion. Leipzig 1903.

Petrowitsch, M., Die Institution und Finanzen Serbiens. Belgrad 1897.

Voukitschewitsch, Die Rolle der Zadruga im Befreiungskriege. Belgrad 1897.

Das Exposé des Fin.-Ministers an die Nationalversammlung vom 15. November 1904. Belgrad.

Finansiski Pregled (Finanz-Archiv). Organ des serbischen Finanzministeriums. Jahrgang 1899—1900.

Serbischer Ökonomist. Jahrgang 1904 und 1905. Belgrad.

„Glas" (Stimme). Zeitschrift für Rechtswissenschaft, Gerichtswesen und Verwaltung. Jahrgang 1903 Nr. 3—5. Belgrad.

Gesetzestexte:

Steuergesetz vom 17. August 1861.

Steuergesetz vom 2. Oktober 1864.

Gesetz, die direkten Steuern betreffend vom 14. Juni 1884.

Gewerbesteuergesetz vom 15. Januar 1900.

Vollzugsschrift zum Gewerbesteuergesetz vom 15. Januar 1900.

Gewerbesteuergesetz vom 15. Januar 1901.

Einleitung.

Durch die blutigen Kämpfe der Jahre 1804 und 1815 hatte Serbien seine Freiheit errungen.

Doch von der türkischen Regierung noch immer als ihre Provinz betrachtet, musste Serbien derselben einen Tribut in der Höhe von 1.176.255 Steuerpiaster zahlen.[1]) Zur Errichtung eines geordneten Staatswesens bedurfte es notwendig der Einführung eines gerechten Steuersystems, einer regelmässigen Finanzverwaltung, vor allem aber der Hebung von Handel und Gewerbe. In den ersten Jahren der Befreiung blieb fast das ganze türkische Steuersystem mit all seinen verschiedenen Steuern und Abgaben bestehen, wie auch Oesterreich nach der Okkupation von Bosnien und Herzegowina im Jahre 1878 zum grossen Teile die unter der Türkenherrschaft erhobenenen Steuern beibehielt.

E. v. Laveley gibt in seinem Werke „Die Balkanländer" I, S. 189 folgende Uebersicht über die in Bosnien unter der Türkenherrschaft erhobenen Steuern, die für alle Provinzen des türkischen Reiches galten. Es lag zunächst auf allen Bodenerzeugnissen, auf den Feld- und Baumfrüchten, auf dem Holze, den Fischen, den Mineralien der „Zehnte" oder „Askar". Dann wurde mit $^2/_5$ % vom Werte aller liegenden Güter, der Häuser und des Bodenbesitzes, der sog. „Werghi" erhoben, und zwar auf Grund der im Tapu (das türkische Grundbuch) angegebenen Abschätzungen; ferner mit 3% von der Nettoeinnahme des Handelsmannes und des Gewerbetreibenden, und mit 4% von dem

---

[1]) In Serbien hatte der Piaster verschiedene Werte. Am Ende des XVIII. und zu Anfang des XIX. Jahrh. hatte er einen Wert von 1.72 Frs. Im Jahre 1815 hatte er einen Wert von ungefähr 0.80 Fr., von da ab 0.50 Fr. Ueberhaupt waren auf der ganzen Balkanhalbinsel unter der türkischen Herrschaft eine Masse verschiedener ausländischer, auch türkischer Geldsorten im Umlauf, welche meistenteils aus Scheidemünzen bestanden. Für Serbien selbst berechnen manche 43 verschiedene Arten und zwar 10 Gold-, 28 Silber- und 5 Kupfermünzen. (Petrowitsch, Finanzen und Institutionen Serbiens S. 33, 495 und 497).

Ertrage vermieteter Häuser. In Bulgarien wurde diese Steuer nicht mit 4%, sondern mit 4‰ erhoben.[1])

Da die christliche Bevölkerung überhaupt nicht ins türkische Heer aufgenommen wurde, hatte sie für diese Befreiung vom Militärdienste die „Askera bedelina" aufzubringen. Die Erträgnisse dieser Steuer sollten für die Erhaltung und Verpflegung des türkischen Heeres in Serbien dienen. Die Grösse des stehenden Heeres war fast jedes Jahr verschieden, so dass auch die dazu erforderlichen Geldmittel von Jahr zu Jahr bestimmt wurden. Aus diesem Grunde war auch die „Askera bedelina" für jedes Jahr festgesetzt, so dass in manchem Jahre die Höhe der Steuer 100 Piaster für jedes erwachsene männliche Mitglied betrug.

Eine weitere Steuer war die „Viehsteuer". Für jede Ziege und jedes Schaf mussten 2, und für jedes Stück Hornvieh, das älter als ein Jahr war, 4 Piaster bezahlt werden. Man kann diese Abgabe als Steuer für die Benutzung der Gemeindeweiden, oder als Aequivalent für das durch den Zehnten nicht getroffene brachliegende Land ansehen.[2])

Eine fünfte Steuer belegte den Verkauf von Pferden und Hornvieh mit $2^1/_2$ % des Verkaufspreises, und eine sechste betraf die Schneidemühlen, die Bienenkörbe, die Färbestoffe, die Schenken.

In Serbien allein bestand noch eine Steuer, welche die Mühlen und Branntweinbrennereien mit 2 Piaster, und jeden Gemüse- und Obstgarten mit je 20 Para traf.

Eine vom Mittelalter her gebliebene Steuer wurde noch zu dieser Zeit von den Türken erhoben, und zwar von jedem „Haus" („dom") (Familie) oder „Zadruga" ohne Rücksicht auf die Zahl der Familien — bzw. Zadruga-Mitglieder. In der serbischen Familie wie in der Zadruga brannte nur ein Herdfeuer, so dass die Steuer den Namen „Rauchfangsteuer" bekam. Von Türken wurde sie „Mirija" genannt. Die Steuer entrichtete das Familienoberhaupt, in „Zadruga" der „Hausvater". Sie wurde für die Bestreitung der Kosten der türkischen Verwaltung verwendet, wurde von Jahr zu Jahr festgesetzt und erreichte in manchem Jahre die Höhe von heutigen 200 Frs. Wegen ihrer Höhe war die Steuer sehr drückend, und es ist begreiflich, da sie nicht von

---

[1]) Dr. Drenkoff, Die Steuerverhältnisse Bulgariens S. 8.

[2]) Dr. Drenkoff, Die Steuerverhältnisse Bulgariens S. 10.

den einzelnen Individuen, sondern von den einzelnen „Häusern" erhoben ward, diese um so leichter zu leisten war, je wohlhabender das „Haus", je grösser die Familie war. Diese Steuer hat, wenn auch wenig zur Bildung neuer, so doch viel zur Erhaltung der vorhandenen Zadruga beigetragen. Dagegen war es im Interesse der Machthaber, die Entstehung neuer „Häuser" zu begünstigen und die Ausbreitung der letzteren, weil sie allmählich zu zahlreiche Familienmitglieder in einem Hause vereinigte, zu hemmen.

Eine Kopfsteuer sogenannte Sultan-Haratch, welcher jeder Serbe von 7. bis 80. Lebensjahr unterworfen war, hatte zu verschiedenen Zeiten verschiedene Höhe. Nämlich bis zum Jahr 1804 war die Höhe 3 Piaster und 2 Para[1]). Als Serbien im Jahre 1813 wieder unter die Türkenherrschaft kam, war die Höhe dieser Steuer auf 6 Piaster und 20 Para erhöht[2]).

Siebtens kamen noch die mannigfach schwankenden und sehr umständlichen Abgaben auf Tabak, Salz und Schiesspulver hinzu.

Es steht fest, dass sich das türkische Steuerwesen immer in einem konfusen, schrecklichen Zustande befand. Auch die Verwendung der Steuern ist vollständig planlos, ohne jede Kontrolle und folglich unproduktiv.

Das in der Türkei herrschende System des Verpachtens der Steuern wirkte auf den Steuerträger sehr drückend, denn die Erhebung durch die Pächter geschah ohne jede Kontrolle seitens der Regierung.

Im Jahre 1830 wurden Serbien von der türkischen Regierung alle Rechte eines Staates mit eigener Verwaltung und eigener Jurisdiktion gegeben, infolgedessen auch das freie Besteuerungsrecht; der türkischen Regierung blieb lediglich das Recht, die auswärtigen Angelegenheiten Serbiens zu führen. An der noch bestehenden absoluten Herrschaft des Fürsten Milosch Obrenowitsch und an seiner Herrschsucht, die ihn hinderte eine Konstitution zu geben, scheiterten zunächst alle Versuche des serbischen Volkes, sich eine verfassungsmässige Gesetzgebung zu schaffen. Diese errang es sich erst im Jahre 1835.

Die in diesem Jahre einberufene Volksvertretung votierte

[1]) M. Petrowitsch, Die Institutionen und Finanzen Serbiens. S. 52—53. Ein Piaster = 40 Para hatte zu der Zeit einen Wert von ungefähr 1.72 Frs.

[2]) Ibid. S. 108.

das erste Verfassungsgesetz, und zugleich wurde mit dem türkischen Steuersystem gebrochen. Als einzige Steuer wurde eine Kopfsteuer von 6 „Taler"[1]) jährlich eingeführt der jede männliche Person zwischen dem 21. und 60. Lebensjahr unterworfen war[2]). Die Erhebung derselben geschah durch die Gemeinden.

Solche Kopfsteuern finden wir nur in wirtschaftlich zurückgebliebenen Ländern, bei denen die Vermögensverhältnisse des Volkes keine zu grossen Verschiedenheiten aufweisen. Die grossen Nachteile der Kopfsteuer suchte man in Serbien zu mildern. Dies geschah in der Weise, dass man jeder Gemeinde nach der Zahl ihrer Steuerpflichtigen die entsprechende Steuersumme auferlegte und es der Gemeinde überliess diese Steuersumme unter ihre Steuerpflichtigen mit Berücksichtigung der tatsächlichen Besitz- und Einkommensverhältnisse so zu verteilen, dass die Wohlhabenderen nach Verhältnis mehr bezahlten als die Ärmeren[3]). Diese primitive Verteilungsart konnte nie gut und prinzipiell durchgeführt werden, weil die persönlichen Interessen hier eine zu grosse Rolle spielten. Für die rechtzeitige Erhebung dieser Steuern waren die Gemeinden der Regierung verantwortlich.

Die Zahl der Steuerpflichtigen und die erhobenen Steuersummen waren:

Jahr	Zahl der Steuerpflichtigen	Summe in Piaster
1835	117 467	6 969 124,20
1836	120 190	7 155 367,20
1837	126 522	7 604 962,20
1838	127 708	6 632 297,20
1839	126 508	6 324 888,30
1840	129 672	6 455 293,47
1841	136 435	7 478 568,84
1842	139 080	6 858 134,81

Die grösseren Schwankungen in den erhobenen Steuersummen erklären sich dadurch, dass im Jahre 1839 die Steuer von 6 Taler (60 Piaster) auf 5 Taler (50 Piaster) herabgesetzt, und im Jahre 1841 wieder auf 6 Taler (60 Piaster) pro Kopf erhöht wurde.

Durch Verordnung vom 7. Mai 1837 wurden von der Steuer befreit: jeder Familienvater der drei verheiratete Söhne hatte und

[1]) 1 Taler hatte einen Wert von heutigen 5 Frs. (10 Piaster).

[2]) § 60 des Verfassungsgesetzes.

[3]) Anordnung vom Jahre 1841.

mit einem von diesen zusammenlebte; jeder, der viel Kinder hatte (die Zahl der Kinder wird in dieser Verordnung nicht angegeben), aber keinen Grund und Boden besass, sondern genötigt war, seine Familie durch Arbeitslohn zu ernähren; jeder in dessen Haus ein Sohn oder Schwiegersohn wohnte, der schon mit einem grösseren Vermögen steuerpflichtig war. In diesen einfachen Bestimmungen sieht man die Absicht, nach Möglichkeit vor allem die wohlhabenden Klassen mit den Steuern zu treffen und die Ärmeren zu schonen.

Auch die gewerbetreibenden Ausländer waren dieser Steuer unterworfen; erhoben wurde sie jedoch nicht direkt von ihnen, sondern von dem Eigentümer des Hauses oder des Gebäudes, in welchem sie das Gewerbe betrieben. Dieser zog sie natürlich in Form höherer Miete von dem Betreffenden wieder ein.

Neben dieser Kopfsteuer waren noch einer weiteren Steuer diejenigen unterworfen, die weder Haus noch Grund besassen, sondern im Dienste anderer waren, und dadurch ihr Einkommen erwarben; darunter fielen die männlichen Dienstboten und Angestellten. Solche Leute waren gewöhnlich unverheiratet und daher stammt auch der Name „Junggesellensteuer". Zwecks Besteuerung waren die Steuerpflichtigen nach der Höhe des Gehaltes in vier Klassen eingeteilt[1]).

Die Abstufungen der Klassen waren folgende:

Die I. Klasse umfasst diejenigen Dienstboten und Angestellten („Junggesellen"), die einen jährlichen Gehalt von 750 „Zwanziger" beziehen. (Ein Zwanziger hatte einen Wert von 1,26 Piaster oder heutigen 0,63 Frs., also ungefähr über 472 Frs.)

Die II. Klasse die, welche einen jährlichen Gehalt von 500 bis 750 „Zwanziger" (315—472 Frs.) beziehen.

Die III. Klasse die, welche einen Gehalt von 250—500 „Zwanziger" (157—315 Frs.), beziehen.

Die IV. Klasse die, welche weniger als 250 „Zwanziger" (157 Frs.) beziehen.

Die	I. Kl.	zahlte	9	„Zwanziger"	(5,67 Frs.)
„	II. „	„	6	„	(3,76 Frs.)
„	III. „	„	4	„	(2,52 Frs.)
„	IV. „	„	2	„	(1,26 Frs.)

[1]) Anordnung vom 20. Dezember 1839.

Im Jahre 1840 war die Zahl der steuerpflichtigen Angestellten 2946 mit einer Steuersumme von 18 744,05 Piaster (9 372,02 Frs.). Die fremden Untertanen waren dieser Steuer nicht unterworfen.

Wie man sieht, war die Besteuerung nach den Einkommenverhältnissen nicht ganz unbekannt, aber eine allgemeine Einkommensteuer wäre nach den damaligen Verhältnissen sehr schwer durchführbar gewesen. Zuerst hätte man geschulter und zahlreicher Steuerbeamten bedurft, die man aber zu damaliger Zeit noch nicht heranziehen konnte. Zweitens wäre die Ermittlung der Einkommensverhältnisse von Amts wegen sehr schwierig, fast undurchführbar gewesen, trotzdem zu dieser Zeit keine grösseren Abstufungen in denselben vorhanden waren. Denn das Volk lebte noch patriarchalisch, die meisten produzierten nur für eigenen Verbrauch. Mit der schnellen Wandlung der wirtschaftlichen und sozialen Verhältnisse änderten sich auch die Grund- und Bodenverhältnisse und damit zugleich verfielen die noch vorhandenen Zadruga der allmählichen Auflösung.

Unter Hauskommunion wird jene Art volkstümlichen Familienverbandes verstanden, in welchem mehrere Familien oder Hausgenossen als gleichberechtigte Mitglieder eines häuslichen Grundwirtschaftsvereins zur gegenseitigen Unterstützung und Erhöhung ihres Erwerbes in einer Familiengütergemeinschaft mit vereinten Kräften arbeiten. Eine der vielen Vorzüge der Zadruga ist, dass sie der Bodenzersplitterung entgegenwirkt, welche eine notwendige Folge der Realteilung des Grundbesitzes im Erbgange ist. Durch das Zusammenbleiben des Familiengrundbesitzes ist eine rationelle Bewirtschaftung ermöglicht, die Vergeudung von Land durch Grenzfurchen und Zufahrtswege ist geringer, kurz all die Vorzüge die auch in Deutschland bei der Agitation für das Anerbenrecht und die Zusammenlegung hervorgehoben werden, lassen sich in derselben Weise auch für die Zadruga geltend machen.

Ähnliches gilt auch hinsichtlich des nötigen Kapitals.

Die Hauskommunion hat noch den besonderen Vorteil, dass sie nicht nur die erforderlichen Arbeitskräfte stets in den Familienmitgliedern im Hause hat, sondern auch eine zweckmässige Arbeitsteilung erleichtert. Die Arbeit in der Hauskommunion erstreckt sich keineswegs nur auf landwirtschaftliche Arbeiten und die Besorgung des Haushalts; soweit möglich werden in derselben auch alle anderen Bedarfsartikel der Mitglieder, Kleider, Schuhe, Möbel usw. hergestellt. Daher kann in der Hauskommunion verhältnismässig mehr produziert werden als in der Einzelfamilie, obwohl bei letzterer der Gedanke, dass man für sich und die allernächsten eigenen Angehörigen arbeitet, der Gedanke ferner, dass besonderer Fleiss nicht Fremden, sondern dem Fleissigen selbst zu gute kommt, ein Ansporn ist, dessen Bedeutung im allgemeinen nicht geleugnet werden darf.[1])

Trotz der zahlreichen Lichtseiten, welche die Hauskommunion aufweist, kann es doch gar keinem Zweifel unterliegen, dass sie mehr und mehr zurückgeht, ja, dass sie, wenn nicht Gegenmassnahmen getroffen werden, in absehbarer Zeit gänzlich dem Untergange geweiht ist.

Wie ist diese auffallende Tatsache zu erklären?

Zunächst kann nicht geleugnet werden, dass die Hauskommunion nicht ohne Schattenseiten ist, deren bedenklichste wohl die sein dürfte, dass infolge der schablonenhaften Gleichheit das Individuum nicht zur vollen Entfaltung seiner Kräfte kommt, und bei allen denen, welche das Gefühl haben, dass sie losgelöst von den Fesseln der Hauskommunion zu Höherem gelangen könnten, eine Misstimmung Platz greift. Diese wird um so stärker werden, je mehr in die Augen fallende Erfolge auf wirtschaftlichem Gebiete von einzelnen errungen werden. Derartige Erfolge waren in früheren Jahrhunderten selten; sie werden naturgemäss um so häufiger, je mehr Serbiens Nationalwirtschaft mit der Volkswirtschaft sich verknüpft, je mehr die Nationalwirtschaft von der Geldwirtschaft verdrängt wird, je mehr endlich die Errungenschaften der modernen Technik, dem Handel, dem Ackerbau, der Industrie zu teil werden. Gleichzeitig mit diesen äusseren Änderungen vollzogen sich nicht minder wichtige innere geistige Umwälzungen. Der individualistische Gedanke, der sich seit den Tagen der französischen Revolution und Adam Smiths rasch in den Kulturstaaten Eingang verschafft hatte, fand, seitdem das Serbenvolk wieder eine Selbständigkeit erlangt hatte, auch in ihm begeisterte Apostel, deren Wirksamkeit nicht ohne Erfolg blieb. Dieser individualistische Geist zeigte sich auch in der serbischen Gesetzgebung, die für die Erhaltung der Hauskommunion sehr wenig Einfluss hatte.[2]) Manche serbische Juristen behaupten

[1]) Dr. M. Markowitsch, Die serbische Hauskommunion S. 82—83.

[2]) Dr. M. Markowitsch, Die serbische Hauskommunion S. 86.

sogar, dass die Bestimmungen des serbischen BGB. (eine Nachbildung des code civil mit einigen Modifikationen) vom Jahre 1844 und seine Änderungen im Jahre 1859, den entschiedenen Rückgang in der Hauskommunion verursacht haben.

Auch fiel nach der Befreiung von der Türkenherrschaft für die Serben ein wichtiger Grund für die Fortentwicklung der Hauskommunion weg, wie denn auch mit der nationalen Selbständigkeit die Möglichkeit einer engeren Verbindung mit den europäischen Kulturstaaten grösser wurde. Für uns ist von Bedeutung noch die gesetzliche Erbfolge, im grossen Umrisse darzustellen.

Die alte Hauskommunion erschien als Universalerbe. § 516 des serb. BGB. vom Jahre 1844 lautet: „es ändert der Tod des Hausvaters oder irgendeines Kommunionsmitgliedes nichts an dem Zustande und den Beziehungen der Kommunion und der Gütergemeinschaft, sondern es bleibt alles beim Alten.“ Dieser Paragraph, der völlig dem alten Geiste der Hauskommunion entspricht, wird aber durch andere Bestimmungen desselben Gesetzes durchaus paralysiert. So z. B. § 521.

„Jeder in der Kommunion Lebende und die nötigen persönliche Eigenschaften Besitzende kann über seinen Anteil bis zur Höhe des Wertes · verfügen. Hat jemand solcher Gestalt verfügt, so ist das Inventar aufzunehmen, damit der Anteil des Verstorbenen ausgeschieden wird, falls dieses bei seinen Lebzeiten nicht geschah und nicht bezeichnet wurde.“ Dieser Gedanke ist noch schärfer ausgedrückt im § 527, wo es heisst:

„In Fällen der hauskommunistischen Erbfolge und Teilung ist nach den allgemeinen Bestimmungen über die Erbfolge und Teilung vorzugehen.“

In diesen allgemeinen erbrechtlichen Bestimmungen regelt sich alles so wie im code civil, nur mit der Ausnahme, dass die Söhne des Erblassers ihre Schwestern resp. die Töchter ausschliessen.

Die Frage der Erbfolge seitens der weiblichen Nachkommen in der Hauskommunion im Falle, dass männliche fehlen hat § 529 folgendermassen gelöst. Er lautet:

„Die in der Hauskommunion zurückgebliebenen Mädchen hat die Hauskommunion zu erhalten und seinerzeit angemessen zu verheiraten." Der Gesetzgeber wollte damit erzielen, dass im Falle des Mangels an männlichen Nachkommen des Erblassers die ganze Hauskommunion erbt. Aber nur bis zum Jahre 1859 ist der Paragraph in dieser Bedeutung in Kraft gewesen, seit der Zeit gilt eine neue Auslegung zugunsten des weiblichen Geschlechts, wonach auch in der Hauskommunion die Töchter erben, wenn keine Söhne vorhanden sind. Allerdings wird dieser Anteil in Geld ausgekehrt. Für das Schicksal der Hauskommunion war diese Auslegung von grosser Bedeutung. Von der Zeit ab hat ein serbischer Jurist den entschiedenen Rückgang in der Hauskommunion datiert.[1])

Die Auflösungen begannen sofort nach der Befreiung von der türkischen Herrschaft, mit der Errichtug eines modernen Staates; wie schnell das vor sich gegangen ist, sehen wir an den statistischen Daten. Vom Jahre 1861—1863 haben sich 4469 Zadruga aufgelöst, von 1863 – 1867 5024. Die Teilung geschieht gewöhnlich nach Gliedern. So viele Mitglieder oder Söhne vorhanden sind, in so viele gleiche Teile wird das sämtliche Vermögen geteilt. Die Einrichtung von geschlossenen Gütern, oder die Ubernahme des Hofes durch einen der Mitglieder oder Söhne, kennt das serbische BGB. nicht.

In Serbien sind die Bauernhöfe und Güter nicht im mindesten verkoppelt, sondern die einzelnen Parzellen eines Gutes liegen in der ganzen Gemeinde und Umgebung zerstreut. Wie eine Teilung nach serbischem Erbrechte diese zerstreute und an und für sich kleine Parzellen weiter verteilt und zerstückelt, ist leicht begreiflich. Denn, nach der Teilung einer Hauskommunion entstehen je nach der Grösse 5, 10, ja sogar 20 neue Eigentümer und Bauernhöfe. Dass unter solchen Vorgängen und Umständen die Landwirtschaft in Serbien heute noch blühend zu nennen ist, ist nur durch die ungewöhnliche Fruchtbarkeit des Bodens und andere natürliche Verhältnisse zu erklären. Eine Katastralvermessung des Landes zu Besteuerungszwecken, wie dies von der Nationalversammlung im Jahre 1848 gewünscht wurde, wäre in dieser Periode allgemeiner Umwandlung der Eigentumsverhältnisse gar nicht durchzuführen gewesen. Eben, mit einer solchen Vermessung, bzw. Einführung eines Steuersystems musste man

---

[1]) Dr. M. Markowitsch, Die serbische Hauskommunion S. 70–72.

warten, bis dieser Umwandlungsprozess der Grund- und Bodenverhältnisse einigermassen zu Ende gegangen war.

Der Fehler des serbischen Gesetzgebers, der darin besteht, dass er die Hauskommunion nicht als einen politisch-ökonomischen Faktor gelten lassen wollte, besonders aber, dass er das Erbrecht, durch welches die Gesetzgebung und Verwaltung am stärksten auf die Eigentumsverteilung einwirken kann, nicht einigermassen auf Grund der Gemeinschaft geregelt hat, macht sich jetzt in Serbien in so hohem Grade fühlbar, dass man ernstlich an eine Neugestaltung der Sachlage denken muss, um der mehr und mehr um sich greifenden Grundeigentumszersplitterung und der Proletarisierung der ländlichen Bevölkerung, die das Gesetz zur Folge gehabt hat, zu steuern.[1])

Dass die Landesvertretung mit der oben behandelten Besteuerungsart (primitive Kopfsteuer) nicht zufrieden war, und nach etwas Besserem und Vollkommenerem trachtete, sehen wir aus der Anforderung seitens derselben an den Fürsten im Jahre 1848 „dass anstatt des üblichen Besteuerungssystems eine Grundsteuer auf der Basis der Grösse und Art des Grundbesitzes eingeführt werden sollte."[2]) Diese wichtige Angelegenheit fand indessen erst nach 36 Jahren, im Jahre 1884, ihre Erledigung.

In der Rede, welche der Fürst bei der Eröffnung der Landesvertretung im Jahre 1864 hielt, betonte er, dass ein Steuersystem im Sinne des Verlangens vom Jahre 1848 nicht durchgeführt werden konnte. „Denn so sehr es einerseits unsere Pflicht ist," — fuhr der Fürst in seiner Rede fort — „dahin zu wirken, dass die Ungerechtigkeit aufhöre, nach welchem zwischen den Reichen und Armen bei Verteilung der Staatslasten ein so geringer Unterschied gemacht wird, so sind wir andererseits verpflichtet, dem Staate die nötigen Mittel an die Hand zu geben, damit er seine Bedürfnisse decken und seine Aufgabe erfüllen könne."[3])

Um einigermassen die Ungerechtigkeit bei der Verteilung der Steuerlasten zu mildern, wurde das Steuergesetz vom 2. Oktober 1864 von der Landesvertretung votiert. Der alte Steuerfuss von 6 Talern (1 Taler = 5 Frs.) wurde wieder eingeführt, bloss mit

---

[1]) Dr. M. Markowitsch, Die serbische Hauskommunion S. 78.
[2]) Kanitz, Serbien S. 612.
[3]) Kanitz, Serbien S. 757.

dem Unterschiede, dass die eine Hälfte, 3 Taler, als Kopfsteuer und die andere Hälfte als Vermögenssteuer festgesetzt wurde.[1]) Die Steuer wird den Gemeinden nach der Zahl der Steuerpflichtigen im Gesamtbetrage auferlegt, und es wird denselben überlassen, die ganze Summe auf die einzelnen Steuerpflichtigen nach Massgabe der tatsächlichen Einkommens- und Besitzverhältnisse der einzelnen zu verteilen.[2]) Diese Verteilung geschah in einer öffentlichen Versammlung aller Gemeindeangehörigen unter dem Vorsitze des Gemeindeältesten und der Gemeinderäte. Um Willkürlichkeiten der Gemeinde bei der Verteilung der Steuer zu verhindern, war eine Maximalsteuersumme festgesetzt, über die hinaus ein Steuerpflichtiger nicht in Anspruch genommen werden durfte. In der Stadt Belgrad betrug diese Summe 60 Taler (300 Frs.), in anderen Städten 30 Taler (150 Frs.), und auf dem platten Lande 15 Taler (75 Frs.) Auf diese Weise entstanden in Dörfern 3—10, in den Städten 10—20 und in Belgrad 32 Steuerklassen.[3])

Für die Befreiungen von Kopf- und Vermögenssteuer waren besondere Bestimmungen getroffen.

Von der Kopfsteuer waren befreit: Soldaten im stehenden Heere; Personen über 60 Jahre; Frauen; Minderjährige; zum Erwerb unfähige Personen; serbische Staatsangehörige, die ihren Aufenthalt ständig in anderen Staaten haben; zu Gefängnis, Zuchthaus usw. Verurteilte. In der Zadruga sind von vier oder fünf steuerpflichtigen Mitgliedern eins, von sechs oder sieben zwei, von acht oder neun drei steuerfrei, und bei grösserer Mitgliederzahl ist immer von zwei Steuerpflichtigen eins von den Steuern befreit.

Von der Vermögenssteuer waren befreit: Witwen, die in schlechten Vermögensverhältnissen sich befinden; Waisen, deren Vermögen nicht so gross ist, dass es einer Steuer unterworfen werden kann. Wie gross dieses Vermögen sein kann, ist im Gesetze nicht angegeben.

Von den beiden Steuern waren befreit: Der Fürst und dessen Vermögen; Eingewanderte auf die Dauer von zwei Jahren;

---

[1]) § 2 des Steuergesetzes vom Jahre 1864.

[2]) § 4 des Steuergesetzes vom 2. Oktober 1864.

[3]) Kanitz, Serbien S. 613.

Priester, die von der Regierung nicht besoldet sind und die Bürgermeister.

Die Steuern wurden zweimal im Jahre erhoben: am 21. April und 26. November a. St.

Das Ergebnis dieser direkten Steuer betrug im Jahre 1866: 16 190 000 Steuerpiaster.[1]) (8 095 000 Frs).

Um ein klareres Bild der damaligen Finanzverhältnisse des kleinen schuldenfreien Fürstentums Serbien zu geben, führen wir hier das Staatsbudget für das Jahr 1867 an[2]).

1867
(In Steuerpiastern)

Einnahmen		Ausgaben	
Direkte Bewirtschaftung der Staatsgüter . . .	17 000	Zivilliste des Fürsten .	1 200 000
Pachte von Staatsgütern	420 000	Tribut an die Pforte . .	1 176 255
Interessen von Staatsgeldern	10 000	Abgabe an die Patriarchen von Konstantinopel	5 040
Staatsdruckerei	350 000	Kosten der Nationalversammlung	30 000
Staatsökonomie Topćider und Staatsgestüt . .	32 000	Senatskosten	482 968
Post	216 000	Zulage für den Minister-Präsidenten	6 000
Telegraph	200 000	Pensionen, Wartegelder und Remunerationen für höhere Staatsdiener .	100 000
Erträgnisse des Zentralfonds	380 000	Für unvorhergesehene ordentliche Ausgaben .	240 000
Direkte Steuern . . .	16 480 000	Für ausserordentliche Ausgaben	900 000
Salzregal	500 000	Sekretär des fürstlichen Hauses	14 000
Tabakregal	400 000	Oberste Rechnungskontrolle	275 896
Zölle	4 400 000	Pensionen und Gnadengelder	827 495
Gerichts-, Kanzlei-, Quarantäne- Auktions-, Forsttaxen und Erbschaften	1 674 000	Ministerium d. Justiz .	3 115 690
Von den Ministern nicht verwendete Summen .	100 000	„ d. Kultus .	2 782 688
Kursdifferenzen . . .	250 000	„ d. Äussern .	928 740
Verkauf herrenlosen Viehs	40 000	„ d. Innern .	5 805 108
Strafgelder	170 000	„ d. Finanzen .	1 727 457
Aus dem Schulfond . .	1 120 000	„ d Krieges .	7 839 638
Ertrag angekaufter türkischer Güter	240 000	„ d. öfftl. Arbeit.	1 374 060
Unvorhergesehene Einnahmen	1 800 000		
Zusammen:	28 799 000	Zusammen:	28 831 035

[1]) Kanitz, Serbien S. 614.

[2]) Ibid. 618.

Solche Steuerverhältnisse herrschten, bis das Ertragssteuersystem im Jahre 1884 in Kraft trat. Serbien ging von einer einzigen Steuer zu einem System von Steuern, auf das Ertragssteuersystem über. Dieses System leidet nach seiner Zusammensetzung an sehr erheblichen inneren Mängeln. Seine Glieder bestehen nämlich aus sehr ungleichen Elementen, von sehr verschiedener Erkenn- und Erfassbarkeit. Die Folge ist meist, dass die leichter erkenn- und erfassbaren Erträge stärker als die anderen belastet werden, und besonders der Immobiliarbesitz über-, der Mobiliarbesitz (Leihkapital) untersteuert wird.

Nach dem Gesetze vom 14. Juni 1884, die direkten Steuern betreffend, finden sich folgende Glieder in dem serbischen Ertragssteuersystem:

1. Grundsteuer
2. Gebäudesteuer
3. Kapitalrentensteuer
4. Lohn- und Besoldungssteuer (von liberalen Berufen)
5. Gewerbesteuer
6. Personalsteuer (Kopfsteuer)
7. Staatszuschlagssteuer.

Die Grundsteuer.

Gemäss der Bedeutung, die der Grund und Boden für das wirtschaftliche Leben Serbiens hat, nimmt die Grundsteuer den ersten Platz in dieser direkten Besteuerung ein. Die Zehntabgabe, diese ursprüngliche und primitive Besteuerung des Grund und Bodens war im Jahre 1835 aufgehoben worden. Von dieser Zeit ab bis zum Jahre 1884 gab es überhaupt keine direkte Grundbesteuerung. Die Schwierigkeiten, auf welche die serbische Regierung bei der Einführung der Grundsteuer stiess, waren gross. Erstens erfordert die Grundsteuer, um den wirtschaftlichen, wie den fiskalischen Zwecken zu entsprechen, eine Katastralvermessung des Landes. Diese Katastralvermessung ist bis heute nicht vorgenommen, trotzdem die Grundsteuer schon seit 1884 besteht. Es ist leider zu konstatieren, dass in Serbien aller Grundbesitz übermässig parzelliert ist, d. h. dass sich der Besitz des einzelnen aus einer unverhältnismässig grossen Zahl von Einzelparzellen zusammensetzt, und dass dadurch der vorherrschende Kleingrundbesitz noch unproduktiver gemacht wird. Dieser Kleingrundbesitz und diese Parzellenwirtschaft erschweren eine Katastralvermessung des Landes ausserordentlich, indem sie die ganze Arbeit umständlicher und kostspieliger machen. Diese Zersplitterung der Wirtschaft nimmt von Tag zu Tag zu; sie hält sozusagen Schritt mit dem Niedergange der Zadruga.

Der Umfang der Grundsteuer soll sich regelmässig auf alles wirklich landwirtschaftlich benutzbare Land erstrecken. Schon in dem Grundsteuergesetze vom 21. Januar 1839 ist in Preussen für die westfälischen Provinzen die Erhebung der Grundsteuer in dem Satze festgelegt:

„Aller Grund und Boden, der weder einen Ertrag bringt, noch kulturfähig ist, kann hiernach nicht besteuert werden.“[1]) In Serbien wird auf alles Land Grundsteuer gelegt, mag dasselbe landwirtschaftlich benutzt werden oder nicht, abgesehen von einigen Befreiungen, die sich auf das landwirtschaftlich nicht benutzbare Land, wie Moor, Sumpf, Felsen usw. ausdehnen.

In der ersten Hälfte des 19. Jahrhunderts ist in Serbien ganz vorwiegend Viehzucht betrieben worden, Ackerbau dagegen nur soviel, als zum Lebensunterhalt des Volkes unbedingt erforderlich war. Mit dem Anwachsen der Bevölkerung nahm jedoch die Feldwirtschaft immer grössere Dimensionen an, während sich die Viehzucht allmählich auf das Bergland zurückzog. So kommt es, dass Serbien heutzutage mehr Ackerbau als Viehzucht betreibt[2]).

Nach den statistischen Daten im Jahre 1901[3]) lebten 84,16 % (oder 2097988) der Bevölkerung von der Landwirtschaft. Der eigentliche Landwirt ist in Serbien der Bauer mit seinen Familienangehörigen, die auch die gesamten Arbeitskräfte darstellen.

Trat ehedem ein Mangel an Arbeitskräften in einer Familie ein, so nahm sie die Hilfe der Nachbarn oder gar des ganzen Dorfes in Anspruch; das ist die sog. „Moba“ (Bittarbeit). Die Hilfe ward ohne Entschädigung geleistet, denn jeder, der zur „Moba“ kam, konnte mit Sicherheit auf Gegenunterstützung rechnen. Auch das Arbeitsvieh wurde gegenseitig geliehen. Jetzt ist jede Familie ausschliesslich auf ihre eigenen Kräfte

[1]) § 7 des erwähnten Gesetzes.
[2]) Dr. M. Markowitsch, Die serbische Hauskommunion. S. 1.
[3]) Annuaire Statistique du R. de Serbie VI. T. 1901 p. 95

angewiesen. Die Zahl der landwirtschaftlichen Arbeiter betrug im Jahre 1901 nicht mehr als 12302. Jene alten volkstümlichen Hilfeleistungen haben sich nur noch an Orten, die abgelegen sind, erhalten.

Von der gesamten Bodenfläche (4830260 ha) ist ungefähr die Hälfte 52,33 % oder 2527888 ha Privat- und Gemeinde-Eigentum. Die andere Hälfte, 47,67 % oder 2302372 ha, die dem Staate gehört, wird, von einigen Versuchs- und Musterwirtschaften abgesehen, sehr kläglich oder gar nicht bearbeitet. Der grösste Teil des Staatsbesitzes ist Forst, der nicht rationell bewirtschaftet und exploitiert wird.

An dem Privateigentum waren 293421 Eigentümer beteiligt bei einer Gesamteinwohnerzahl von 2283434. Über die Verteilung des Grundeigentums im Jahre 1897 gibt folgende Tabelle Aufschluss:

Grösse in ha	Zahl der Eigentümer	Prozent der Eigentümer
unter 2 ha	61 733	21,04 %
von 2—5 „	96 642	33,61 „
„ 5—10 „	80 822	27,55 „
„ 10—15 „	29 126	9,94 „
„ 15—20 „	11 656	3,97 „
„ 20—30 „	7 633	2,60 „
„ 30—40 „	2 138	0,73 „
„ 40—50 „	846	0,29 „
„ 50—100 „	742	0,25 „
„ 100—150 „	58	0,015 „
„ 150—200 „	17	0,005 „
„ 200—250 „	2	0,001 „
über 250 „	6	0,002 „

Aus dieser Tabelle ist zu ersehen, dass der Kleinbetrieb vorherrscht, die Zahl der Grossbetriebe sehr gering ist. In Deutschland war, um einen Vergleich anzustellen, im Jahre 1895 die Zahl der Betriebe unter 2 ha 3235367 oder 58,23 % der Gesamtbetriebe; von 2—5 ha 1016318 oder 18,28 %; von 5—20 ha 989804 oder 17,97 %; von 20—100 ha 281767 oder 5,07 %; von 100 ha und darüber 25061 oder 0,45 % [1]).

[1]) S. Conrad, Grundriss d. pol. Ökonomie II. Teil IV. Aufl. 1904 S. 72—73.

Nach den statistischen Daten war der Boden in folgender Weise kultiviert:[1])

Kulturart	Jahr 1898	Jahr 1899
Mais	500 064,72 ha	545 708,81 ha
Weizen, (Sommer und Winter) . .	281 633,86 „	403 819,47 „
Roggen, (Sommer und Winter) . .	45 196,89 „	59 145,04 „
Gerste, (Sommer und Winter) . .	96 000,91 „	113 862,03 „
Hafer (Sommer)	95 140,60 „	101 199,39 „
Hafer (Winter)	816,72 „	12 806,48 „

Die Bodenfläche, die als Wiese und Weideland benutzt wird, betrug im Jahre 1897: 652 269,96 ha; die Weinberge umfassten 68 330 ha; die Obstgärten 97 971,14 ha; die Forsten 481 213 ha. Sumpf, Moor, Felsen usw. nahmen 207 568,22 ha ein. Also von der ganzen Bodenfläche von 48 302,69 qkm ist ungefähr die Hälfte landwirtschaftlich unbenutzt.

In Serbien ist die Grundsteuer eine Staatssteuer.

Wie wir schon erwähnten, besitzt Serbien bis heute noch keine Katastralvermessung. Die Grundsteuer wird nicht nach dem „Katastralreinertrag" entrichtet, vielmehr wird der Boden nur als solcher besteuert. Er ist Steuerobjekt, gleichgültig, ob er einen Ertrag abwirft oder nicht. Nur die rohe Klassifikation des Bodens ist durchgeführt, die sich nach der Beschaffenheit und Lage des Grundstückes richtet. Es sind fünf Bodenklassen vorgesehen,[2]) und zwar umfasst:

a) die erste Klasse: alle die Gründstücke, die sich in Städten und Kleinstädten befinden; die Grundstücke aber auf denen Gebäude stehen, nur wenn sie grösser wie 500 qm sind; Ziergärten und Gemüsegärten;

b) die zweite Klasse: alle die Grundstücke, die mit Mais und Wintergetreide bebaut sind oder damit erfolgreich bebaut werden können, oder welche als Weinberge dienen können. Es wird also kein Unterschied gemacht, ob sie tatsächlich bebaut sind oder nicht;

c) die dritte Klasse: alle die Grundstücke, die mit Mais oder Sommergetreide bebaut sind oder bebaut werden können. Die Grundstücke dieser Klasse befinden sich auf den Höhen Hügeln, Hügelabhängen und am Fusse der Berge;

---

[1]) Annuaire Statistique d. R. d. Serbie IV. Teil p. 207.

[2]) § 6 d. Gesetzes betreff. d. direkten Steuern vom 14. Juni 1884.

d) die vierte Klasse: die Grundstücke die mit hartem Sommergetreide oder mit Weizen bebaut sind, bei denen aber der Erfolg ein unsicherer ist;

e) die fünfte Klasse: alle übrigen Grundstücke.

Auf alle obenerwähnten Grundstücke, die man bebaut oder die bebaut sein können, ausgenommen Waldungen, öffentliche und private Weiden, die besonders besteuert werden, zahlt man der Klasse entsprechend folgenden Steuersatz jährlich pro ha:

I.	Klasse	8 Frs.[1]
II.	„	4 „
III.	„	3 „
IV.	„	2 „
V.	„	1 „ [2]

Die Waldungen werden anders besteuert. Die, welche auf der zweiten Bonitierungsklasse sich befinden, zahlen 3 Frs. pro ha, auf der dritten 2 Frs., auf der vierten 1 Fr. und auf der fünften 0,60 Fr. Von Flächen mit absolutem Waldboden hingegen wird gar keine Steuer erhoben,[3] weil man diese Wälder aus klimatischen Rücksichten und zum Schutz gegen elementare Ereignisse erhalten zu sehen wünscht.

Auch die öffentlichen und allgemeinen Weiden unterliegen einer besonderen Besteuerung. In Serbien besteht noch in manchen Gegenden die alte volkstümliche Molkereigenossenschaft und Weidegemeinschaft. Für das gesamte Vieh des Dorfes ist ein Hirt angestellt, welcher das Vieh zum Sömmern auf diese öffentlichen Weiden treibt. Diese Weiden gehören entweder den Gemeinden oder dem Staate. Im ersten Falle ist das Steuersubjekt die betreffende Gemeinde, welche dann die an den Fiskus zu entrichtende Steuersumme auf ihre Gemeindemitglieder nach der Grösse und Art des Viehstandes repartiert. Im zweiten Falle müssen die, welche die staatlichen Weiden benutzen, die betreffende Steuer leisten. Die Gemeinden aber, deren Weiden eine so grosse Ausdehnung haben, dass sie wegen Überlastung nicht imstande sind, die ganze Summe zu leisten,

---

[1]) Durch die Novelle vom 29. September 1899 werden die unbebauten Flächen und die Grundstücke, auf denen Gebäude stehen, die aber grösser wie 500 qm sind in den Städten mit 0,50% nach dem gemeinen Werte besteuert.

[2]) § 10 des Gesetzes vom 14. Juni 1884.

[3]) § 11 des Gesetzes vom 14. Juni 1884.

können das Finanzministerium ersuchen, einen Teil der Weide in Staatseigentum zu verwandeln, oder der benachbarten Gemeinde zu schenken. Wird ihnen auf diese Weise ein Teil ihrer Weiden abgenommen, so verlieren natürlich die Gemeindemitglieder auch das Recht, den abgetrennten Teil noch weiter als Viehweide zu benützen. Der Steuersatz bewegt sich zwischen 2 Frs. bis zu 0,50 Fr. pro ha und richtet sich in jedem Falle nach der Bonität, d. h. danach, ob sich Viehweiden auf Boden zweiter, dritter, vierter, oder fünfter Klasse befinden.[1])

Die niedrigen Steuersätze (0,50—2 Frs.) für Weiden im Vergleich mit denen für Ackerboden sind ein Privilegium des kollektiven Eigentums. Die erste Voraussetzung für die Anwendung dieser niedrigen Besteuerung ist jedoch, dass die Viehweiden tatsächlich Gemeindebesitz sind, und dass an deren Benutzung das ganze Dorf teilnimmt. Diese Voraussetzung traf zu, solange die alte kommunistische Agrarverfassung noch überall bestand. In der Neuzeit, wo das Privateigentum die Oberhand gewinnt, und gegenüber der früher fast ausschliesslich betriebenen Herdenwirtschaft der Ackerbau immer grössere Dimensionen annimmt, ist diese Steuer-Privilegierung nicht mehr angebracht. In den meisten Fällen ist die Gemeinde, weil die meisten Angehörigen ihr Vieh auf eigenen Weiden sömmern lassen, nicht imstande, die Steuer zu leisten, und deshalb gezwungen, den grössten Teil der Weiden zu verpachten. Sobald aber diese öffentlichen Viehweiden verpachtet oder zerstückelt sind, verlieren sie den Charakter, auf Grund dessen sie dieses Privilegium besitzen, und müssen nun wie anderer Grund und Boden ihrer Beschaffenheit nach, nach dem § 10 des Gesetzes (s. S. 17) versteuert werden. In den meisten Fällen kommen allerdings diese Bestimmungen nicht zur Anwendung, weil der Staat keine Kontrolle übt und eine Revision der Grundbücher unterbleibt.

Befreit von der Steuer sind staatliche Grundstücke, ausgenommen die in § 12 (die Viehweiden) angeführten, ferner Kirchenporta,[2]) Friedhöfe, Grundstücke der Schul- und Krankenhäuser und die, die öffentlichen Wohlfahrts- und Kulturzwecken dienen;

---

[1]) § 12 des Gesetzes betr. die direkten Steuern v. 14. Juni 1884.

[2]) In Serbien sind die Kirchen mit einem grossen leeren Grundstück umgeben, das ziemlich grosse Dimensionen hat und „Porta" genannt wird.

dann Moor, Sumpf, Felsen; ferner: die Grundstücke der Eingewanderten, für die Zeit der ersten zwei Jahre, wenn sie nicht grösser sind als 4 ha; die Garten- und Hofgrundstücke in der nächsten Umgebung der Gebäude in Städten und Kleinstädten, wenn sie nicht grösser als 500 qm sind; die Grundstücke minderjähriger Waisen und zum Erwerb unfähiger Personen, wenn das Areal nicht grösser als 2 ha ist[1]). Für die Grundstücke in den Gegenden, die vom Hagel oder Ueberschwemmungen oder irgend welchen elementaren Ereignissen heimgesucht worden sind, kann der Finanzminister die Steuer herabsetzen, indem er sie unter die nächstniedrige Klasse zu klassifizieren gestattet; wenn sie aber schon der letzten Klasse angehören, werden sie für das betreffende Jahr von der Steuer ganz befreit[2]). Serbien wird sehr oft vom Hagel heimgesucht so dass sich der Schaden jährlich auf Millionen Frs. beläuft. So betrug im Jahre 1898 die vom Hagel heimgesuchte Fläche 155756 ha, und der daraus erwachsene Schaden 14429179 Frs.; im Jahre 1899 stellte sich der Umfang auf 90231 ha, bzw. 8828527 Frs. In einzelnen Jahren erreichte der Schaden eine Höhe von 17 Mill. Frs. (1892 und 1895).

Auf die Verschiedenheit der Bodenertragsfähigkeit nimmt der geltende Besteuerungsmodus über das angegebene Mass hinaus keine Rücksicht, obwohl die einzelnen Gegenden Serbiens von sehr verschiedener Bodenfruchtbarkeit sind. Trotzdem in Serbien fast ausschliesslich Dreifelderwirtschaft betrieben wird, und wie wir gesehen haben, auch die Betriebsgrössen sehr gleichmässig sind, schwankt doch der Ertrag des mit Mais bebauten Bodens von 7,49 Zentner (Kreis Uicež 1899) bis 15,48 Zentner (Kreis Krajina) pro ha. Entspricht diesem enormen Unterschiede in der Fruchtbarkeit oder Ertragsfähigkeit der Unterschied von 1 Fr. in der Besteuerung, da mit Mais bebauter Boden in zwei Klassen zweiter und dritter klassifiziert wird? Ein ähnlicher Unterschied im Ertrage ist bei allen Getreidearten zu konstatieren. Hier zeigt die Besteuerung den grössten Mangel, indem sie sich damit begnügte, nur ganz wenige Qualitätsklassen des Bodens nach rohem Anschlag zu unterscheiden. Weil aber gerade in Serbien

---

[1]) § 7 des Gesetzes betr. d. direkten Steuern vom 14. Juni 1884

[2]) § 9 ebenda.

die Bodenverhältnisse eine grosse Verschiedenheit aufweisen, so ist weitergehende Berücksichtigung derselben aus Gründen der Gerechtigkeit dringend geboten. Wie sehr die Bodenfruchtbarkeit in verschiedenen Gegenden Serbiens differiert, kann man aus nebenstehender Tabelle ersehen[1]).

Wie ungerecht und ungleichmässig die Steuer verteilt ist, ersieht man aus folgendem: Der eine Boden erträgt 8,66 Zentner Mais pro ha und leistet an Steuern (es kann zweiter oder dritter Klasse sein), sagen wir dritter Klasse, 3 Frs. und der andere erträgt 21,37 Zentner, aber leistet nur 1 Fr. mehr, vorausgesetzt, dass der Boden zur zweiten Klasse eingeschätzt ist.

Durch prozentuale Berechnung des Steuersatzes lässt sich noch deutlicher die Ungleichheit nachweisen. Nehmen wir als Beispiel den mit Mais bebauten Boden, welcher im Jahre 1899 in Serbien 545708,81 ha umfasste. Die Erntemenge betrug im Kreis Užice durchschnittlich 7,49 Zentner Mais pro ha; der Preis für einen Zentner Mais stellte sich in demselben Kreise auf 8,98 Frs., hieraus ergab sich ein Bruttoertrag von 67,26 Frs. pro ha. Unter der Voraussetzung, dass dieser Boden der dritten Klasse angehört und demgemäss mit 3 Frs. pro ha besteuert wird, ergibt sich ein Satz von 4,4 % auf den Rohertrag. Dieses Bild bietet der Kreis, in dem die Bodenfruchtbarkeit die geringste ist. Nehmen wir jetzt den Kreis, in dem sie die höchste ist, den Kreis Krajina. Hier betrug die Erntemenge im Jahre 1899 durchschnittlich 15,48 Zentner pro ha (im Jahre 1898 sogar 21,37 Ztr.), der Preis 7,85 Frs., der Bruttoertrag also 121,51 Frs., und der daraus sich ergebende Steuersatz 2,4 % unter Voraussetzung, dass dieser Boden zu zweiter Klasse eingeschätzt ist und an Steuer 4 Frs. leistet. Diese auf den Bruttoertrag bezogenen Steuersätze wiesen auf den Reinertrag bezogen, noch grössere Unterschiede auf.

Aus diesen zwei Beispielen sehen wir, wie ungleichmässig die verschiedenen Gegenden besteuert sind, die einen mit einem Satze von 4,4 %, die anderen mit einem solchen von 2,4 %. Diese Ungleichmässigkeit zeigt sich auch bei anderen Kulturarten.

---

[1]) Annuaire Statistique d. R. de Serbie T. IV. 1898—1899 p. 214—215.

Kreis	Mais		Winter-Weizen		Sommer-Weizen		Winter-Roggen		Sommer-Roggen		Winter-Gerste		Sommer-Gerste		Hafer		Spelz	
	1898	1899	1898	1899	1898	1899	1898	1899	1898	1899	1898	1899	1898	1899	1898	1899	1898	1899
Valjevo . . .	9,91	8,37	8,42	7,23	4,76	3,77	5,30	5,65	5,50	5,50	7,24	6,71	6,00	5,00	5.68	5,17	4,01	3,21
Vranje	15,49	10,83	11,87	8,18	7,69	5,35	10,46	7,44	12,09	8,01	9,18	7,02	8,77	6,28	11,15	5,57	3,91	3,27
Kragujevac . .	16,76	14,01	10,81	9,22	7,87	7,55	8,67	8,63	10,87	10,43	10,39	9,34	9,66	7,74	10,80	8,45	6,12	5,93
Krajina . . .	21,37	15,48	13,01	8,70	7,69	5,56	8,82	6,73	5,86	5,79	7,86	5,79	5,59	4,84	5,34	4,56	6,16	4,93
Kruševac . . .	15,45	12,55	10.35	8,40	8,95	7,30	8,97	7,64	9,61	7,66	11,94	9,10	10.52	7,96	8,86	6,67	6,94	6,29
Morava . . .	14,99	13,63	10.86	10,08	9,09	9,01	11,63	10,36	8,71	8,36	11,92	10,81	9,88	8,82	7,90	7,14	9,99	9,65
Niš	20,30	15,05	11,34	8,81	8,28	6,36	10,46	8,39	6,83	6,17	9,15	7,32	10,94	7,81	10,51	7,29	6,84	5,06
Pirot	12,76	9,54	10,36	7,37	6,65	4,92	7,97	6,30	12,47	8,18	8,37	6,34	8,44	6,20	11,88	7,82	5,75	4,82
Podrinje . . .	11,59	9,72	8,72	7,58	5,20	5,30	5,00	4,19	6,50	4,75	8,63	7,61	5,16	5,24	12,65	9,14	3,60	3,80
Podunavlje . .	14,73	13,79	10,41	10,05	9,46	9,11	11,52	10,69	7,35	7,36	10,88	9,88	10,20	8,95	9,21	8,26	14,22	11,33
Požarevac . .	13,92	12,01	9,56	8,53	6,45	6,34	10,68	9,49	7,24	7,11	8,39	8,01	8,03	7,42	5,96	5,76	7,37	7,35
Rudnik . . .	13,01	10,87	9,56	7,73	6,85	5,59	8,81	7,00	6,90	5,35	9,45	8,11	7,40	6,10	8,36	6,47	5,97	4,50
Timok	13,09	10,26	6,98	5,22	7,34	5,13	5,68	4,49	6,49	4,74	6,29	4,93	7,21	5,04	6,37	4,37	6,25	4,50
Toplica . . .	11,20	11,13	8,10	6,65	6,24	5,27	7,74	6,36	6,32	5,48	6,85	6,05	7,19	6,20	6,87	5,67	4,72	4,08
Užice	8,96	7,49	5,23	4,80	3,99	3,49	4,23	3,84	3,75	3,25	6,07	5,73	4,39	3,76	5,48	4,57	3,58	3,12

Aus der umstehenden Tabelle sieht man, wie gross der Unterschied im Ertrag der Böden ist. Die Tatsache, dass der Boden seinen natürlichen Verhältnissen nach nicht überall denselben Ertrag abwerfen kann, muss daher den Ausgangspunkt einer Grundbesteuerung bieten. Statt aber die Ertragsfähigkeit des Bodens in Betracht zu ziehen, begnügt sich das serbische Gesetz damit, allgemein seine Verwendbarkeit für den Anbau gewisser Kulturarten zugrunde zu legen. Die Grundlage der Besteuerung aber soll die Ertragsfähigkeit verschiedener Böden in verschiedenen Gegenden sein.

Die Besteuerung der unbebauten Flächen, Ziergärten und dem Gebäude zugehörenden Grundstücke, wenn sie grösser sind wie 500 qm, in den Städten und Kleinstädten erfolgt seit der Novelle vom 29. September 1899, betreffend die direkten Steuern, nach dem gemeinen Werte. Der Steuersatz war in der Vorlage 1 %, jedoch erniedrigte ihn die Landesvertretung auf 0,50 %. Vorher waren diese Grundstücke mit 8 Frs. pro ha belastet. Durch die Art der Besteuerung nach dem Gesetze von 1884 wurde der wachsende Wert oder die Zuwachsrente nicht mitbesteuert, trotzdem seit der Befreiung Serbiens eine solche ziemlich gross gewesen ist, hauptsächlich in den Städten. Die kulturelle Entwicklung Serbiens kam zuerst und vor allem den Städten zugute, und die erste Folge davon war die Wertsteigerung des Grund und Bodens.

Für die Stadt Belgrad besitzen wir keine amtlichen statistischen Daten über die Wertsteigung des Grund und Bodens. In Ermanglung dieser führen wir hier einige private Daten an, welche als ziemlich zuverlässig gelten können, weil sie von der Hypothekenbank stammen. Ein und dasselbe Grundstück wurde im Jahre 1861 mit 1,14 Frs. pro qm verkauft, im Jahre 1865 mit 1,30 Frs., und im Jahre 1889 mit 10,80 Frs. Ein anderes Beispiel: im Jahre 1895 wurde ein qm in der M.-Strasse mit 4,40 Frs. und im Jahre 1899 mit 35,10 Frs. verkauft. In der Hauptstrasse von Belgrad kostete vor dreissig Jahren ein Quadratmeter 15—25 Frs.; heutzutage 200—300 Frs. Im allgemeinen kann man sagen, dass der Preis des Bodens der Stadt Belgrad in den letzten 30 Jahren um 400—600 % gestiegen ist.

Doch die serbische Grundbesteuerung nach dem gemeinen Werte unterscheidet sich von der gleichartigen Kommunalbesteuerung in den deutschen Städten durch ihren höheren Steuerfuss. Während die Sätze in Deutschland sich meist zwischen 2 und 4⁰/₀₀ bewegen, beträgt in Serbien der Satz 5⁰/₀₀. Eine Umsatzsteuer wird in Serbien nicht erhoben. Ferner ist in Serbien diese Grundsteuer nicht Kommunal- sondern Staatssteuer.

Wie gering die Grundsteuererträgnisse der Stadt Belgrad nach der Erhebung auf Grund des Gesetzes vom Jahre 1884 gewesen sind, ersieht man aus folgenden Zahlen:

Jahrgang	Erträgnisse in Frs.
1894	8 932,39
1895	8 435,91
1896	8 095,54
1897	8 789,67
1898	8 701,37
1899	8 422,08

Mit der Einführung der Besteuerung nach dem gemeinen Werte im Jahre 1899 hatten die Erträgnisse alsbald eine bedeutende Steigerung zur Folge. Im Jahre 1900 erbrachte die Steuer 39 501,48 Frs., das bedeutet gegen 1899 eine Steigerung von 469 %.[1])

Danach ist in Serbien diese Staatsgrundbesteuerung in den Städten und sogar Kleinstädten allgemein eingeführt.

Nach dem erzielten Ertrage nimmt die Grundsteuer den ersten Platz in dem serbischen Ertragssteuersystem ein. In den einzelnen Jahren bezifferten sich die Erträgnisse auf:

Jahrgang	Erträgnisse in Frs.
1885	10 206 849,47
1890	7 825 839,24
1894	7 028 646,69
1895	6 941 608,24
1896	6 891 771,25
1897	6 887 759,07
1898	6 845 233,30
1899	6 789 953,11
1900	6 763 856,26
1901	6 652 973,92
1902	6 528 370,51
1903	5 500 000,00 [2])

[1]) Annuaire Statistique d. R. d. Serbie IV. T. p. 211.

[2]) Veranschlagt in dem Budget für das Jahr 1904 S. 14.

Von 1885 bis 1903 sanken sie somit fast um die Hälfte. Die Ursache dieser Abnahme ist aber keineswegs in einem Rückgang der landwirtschaftlichen Produktion zu suchen. Diese entwickelte sich vielmehr in Serbien in erfreulicher Weise, unter Einführung neuer Kulturarten, rationeller Betriebssysteme, Errichtung von Genossenschaften usw. Man erkennt dies schon aus der Zunahme der Ausfuhr, welche ganz überwiegend landwirtschaftliche Produkte umfasst. So betrug der Wert der Ausfuhr:

Jahrgang	Wert der Ausfuhr in Frs.
1888	38 909 099
1889	29 065 883
1890	45 840 561
1891	52 279 825
1892	46 451 656
1893	48 910 435
1894	46 023 249
1895	43 390 451
1896	53,385 969
1897	55 939 981
1898	56 991 479
1899	65 744 388
1900	66 521 959
1901	65 085 653

Danach hat sich die Ausfuhr in 14 Jahren fast verdoppelt. Die wahre Ursache für die Abnahme der Grundsteuererträgnisse ist vielmehr rein fiskalischer Natur, sie liegt in der irrationellen und unvollkommenen Veranlagung der Grundsteuer, der schlechten Vermessung und Einschätzung des Bodens. Wir erwähnten schon, dass Serbien keine Katastralvermessung besitzt. Die Vermessung und Einschätzung der Parzellen geschah und geschieht noch heute auf ganz primitive Weise. Alle Eintragungen in die Grundbücher beruhen auf privaten Angaben. Die Revisionen, die seit dem Jahre 1884, als die Grundsteuer ins Leben trat, etwa vorgenommen wurden, geschahen nur auf Reklamationen der Eigentümer selbst, hatten somit stets nur Erniedrigungen, aber keine Erhöhungen der Veranlagungen zur Folge.

Eine zweite Ursache dieser systematischen Abnahme der Erträgnisse ist politischer Natur. Fast eine jede Regierung sucht sich gegenüber den Landtagswählern, deren grösster Teil die Bauern sind, durch die Nichterhebung der Steuern vor den Wahlen wohlwollend zu zeigen. Meistenteils bleiben diese Steuern im Rückstande oder verjähren gar. Derartige unverzeihliche Massnahmen seitens der verschiedenen Regierungen geschahen meistenteils aus Parteirücksichten und wurden durch masslose innere Parteikämpfe hervorgerufen.

Um dieser Abnahme der Grundsteuererträgnisse vorzubeugen, wurde im Jahre 1899 ein Katastralvermessungsgesetz eingebracht. Die Bestimmungen desselben lauteten sehr befriedigend; denn laut § 125 mussten „alle Gemeinden, Städte und Kleinstädte binnen drei Jahren in ihren Kreisen Katastralvermessungen ausführen". Dadurch hätten dem Staate grössere und sichere Erträgnisse zugeführt werden müssen, doch blieben diese Bestimmungen wie gewöhnlich auf dem Papier. Das grosse Chaos in den Grundbüchern dauert somit fort, und keine Regierung strebt ernstlich danach, diesem Zustande ein Ende zu machen. Als infolge des Katastralgesetzes solche Vermessungen vorgenommen wurden, stellte sich heraus, dass in manchen Kreisen ungefähr $^{2}/_{3}$ weniger Steuern veranlagt waren, als den Tatsachen nach veranlagt sein sollten.[1])

Pro Kopf der Bevölkerung betrug die Grundsteuer 2,7 Frs., während sich die Grundsteuererträgnisse in Preussen im Jahre 1883 auf 1,3 Mk., in Frankreich auf 3,8 Mk. pro Kopf beliefen. Den niedrigsten Satz hat England mit 0,4 Mk. pro Kopf, dann Sachsen mit 0,8 Mk.[2])

Nachfolgende Tabelle zeigt das prozentuale Verhältnis der Grundsteuererträgnisse zu den Erträgnissen aller Ertragssteuern.

Jahr	Prozent-Verhältnis zu den Ertragssteuererträgnissen
1894	19,72
1895	20,06
1896	19,83
1897	18,62
1898	18,28
1899	18,70
1900	17,38

Diese serbische Grundsteuer ist mehr wie jede andere Grundsteuer der Gefahr ausgesetzt, eine Reallast zu werden. Bemisst

[1]) Andonowitsch, M., Dem serbischen Staate ist die Katastralvermessung notwendig. Belgrad 1905. S. 32—35.

[2]) Conrad, Grundriss d. pol. Ökonomie III. Teil III. Aufl. S. 55.

sie sich doch nicht einmal nach dem Ertrage, wie andere Grundsteuern, sondern lediglich nach dem Flächeninhalt, der jährlich zu deklarieren ist. Überdies sind sowohl die Gesetzgebung wie die Steuersätze seit 1884 unverändert geblieben, trotzdem, alle anderen Glieder des Systems Veränderungen erfuhren.

Die Gebäudesteuer.

Die serbische Gebäudesteuer wird nach Massgabe des erzielten jährlichen Mietzinses oder, wenn das Gebäude nicht vermietet ist, des erzielbaren Mietzinses erhoben.[1])

Der Gebäudesteuer unterliegen folgende Gebäude:[2])

a) alle Gebäude in Städten und Kleinstädten,

b) alle Gebäude auf dem Lande und in Dörfern, welche als Mietswohnungen oder kaufmännische Lagerräume, Wirtshäuser, Läden, Dampf-, Wasser- und Säge-Mühlen, Handelsscheunen, Viehställe dienen.

Von der Gebäudesteuer sind befreit:[3])

a) alle staatlichen Gebäude ohne Unterschied; Kreis-, Bezirks- und Gemeindegebäude, dann jedoch nur, wenn sie zu Verwaltungszwecken dienen; alle Gebäude in Dörfern, die der Eigentümer selbst bewohnt; Kirchen aller Konfessionen; alle Gebäude, die wohltätigen Zwecken dienen, wie Krankenhäuser usw.; die Gebäude minderjähriger Waisen und zum Erwerb unfähiger Personen, wenn sie „gar kein Einkommen“ und an Mietzins nicht mehr wie 100 Frs. jährlich beziehen. Zeitweilige Befreiungen werden für Neubauten gewährt und zwar von 5—10 Jahren, je nach der Grösse derselben.

Zwecks Besteuerung sind die Gebäude in nachstehende Kategorien geteilt:[4])

a) Kaffee- und Wirtshäuser, Restaurants und überhaupt Gebäude, die Vergnügungen dienen, zahlen 8 % vom jährlichen Mietzins;

b) Läden, Kontors, Lagerhäuser, Wasser-, Dampf- und Sägemühlen und Handelshäuser 4 %;

c) Wohngebäude, Fabriken, Badeanstalten usw. 3 %.

---

[1]) § 24 des Gesetzes betr. die direkten Steuern vom 14. Juni 1884.

[2]) § 19 ebenda.

[3]) § 22 ebenda.

[4]) § 24 ebenda.

Diese Einteilung gilt für alle Gebäude in den Städten wie auf dem Lande. Ein besonderer Abzug für Erhaltungskosten, Versicherung, Reparaturen, Amortisation ist nicht gestattet. Die Steuer ist somit eine Rohertragssteuer. Selbstverständlich bleiben auch die hypothekarischen Schulden unberücksichtigt.

Um die Veranlagung der später zu erwähnenden Kapitalrentensteuer zu erleichtern, sind die Gebäudeeigentümer allerdings verpflichtet, die auf ihren Gebäuden lastenden Schulden zur Anmeldung zu bringen[1]). Falls die Kapitalrentensteuer für die betreffende hypothekarische Schuld nicht rechtzeitig vom Gläubiger eingezogen werden kann, wird sie von dem Schuldner erhoben, der dann die Quittung dem Gläubiger vorzuzeigen hat[2]).

Die Angabe des Mietzinses oder des Rohertrages eines Gebäudes ist den Eigentümern bei Deklarationszwang überlassen, doch können die Steuerbehörden den Mietzins nach ihrem Gutdünken feststellen, sobald sie den angegebenen für zu niedrig halten[3]).

Die Erträgnisse der Gebäudesteuer waren:

Jahrgang	Erträgnisse in Frs.	Prozent d. Ertragssteuererträgnisse
1894	622 336,81	1,75
1895	636 660,14	1,84
1896	666 380,53	1,92
1897	687 435,99	1,86
1898	685 825,06	1,83
1899	683 863,09	1,88
1900	686 284,39	1,76
1901	704 105,39	2,03

Sie nehmen also, namentlich infolge des Wachstums der meisten Städte, zwar jährlich zu, aber doch nur sehr langsam.

Die Zahl der Häuser in Serbien war im Jahre 1890: 335 760, im Jahre 1895: 358 714[4]). Von diesen 358 714 Häuser im Jahre 1895 gehörten dem Staate: 1130, den Kreisen 32, den Bezirken 82, den Gemeinden 1371 und Privaten 356 099. Wenn wir die Zahl der privaten Häuser in den Städten, die eigentlich dem Gesetze nach die ganze Steuerleistung — ausgenommen die

[1]) § 25 des Gesetzes betr. die direkten Steuern vom 14. Juni 1884.
[2]) § 26 ebenda.
[3]) § 29 und 31 ebenda.
[4]) Annuaire Statistique d R. de Serbie T. IV. p. 41—42.

Lagerhäuser, Handelsscheunen usw. in Dörfern deren Zahl sehr gering ist — zu tragen haben mit dem Steuerertrage vergleichen, so bekommen wir folgendes Resultat: die Zahl der privaten Häuser in den Städten und Kleinstädten betrug im Jahre 1895: 50403:[1]) also belief sich der Steuerbetrag pro Haus auf 12,62 Frs. Von den Privathäusern wurden 91,87 % vom Eigentümer selbst bewohnt und 8,13 % wurden vermietet. Die überwiegende Zahl der Häuser finden wir in Serbien selbstverständlich auf dem Lande. Sie betrug im Jahre 1895: 299995. Die Landbewohner bewohnen fast ausschliesslich ihr eigenes Haus und zahlen, laut Bestimmungen des Gesetzes, keine Gebäudesteuer. Nur 2 % wohnen als Mieter.

Pro Kopf der Bevölkerung betrug die Gebäudesteuer im Jahre 1901 0,31 Frs. Das Ergebnis in allen anderen europäischen Staaten war grösser. So z. B. in Preussen (1893) 1,1 Mk., in Frankreich 1,3 Mk., in Grossbritannien 1,8 Mk. pro Kopf.[2])

Die Kapitalrentensteuer.

Die Kapitalrentensteuer trifft die Zinsrente aus verliehenem Geldkapital und ist das jüngste Glied im modernen Ertragssteuersystem. Nach dem serbischen Gesetze unterliegen der Kapitalrentensteuer folgende Einnahmen:[3])

a) die Zinsen oder Erträge aus den öffentlichen ausländischen oder inländischen Schulden, wenn sie nicht durch besondere Gesetze von der Steuer befreit sind;

b) die Zinsen aus Privatschuldforderungen;

c) die Erträge aus verzinslichen Depositen bei Privat- oder staatlichen Geldinstituten;

d) die lebenslänglichen oder zeitweiligen Renten; die Einkommen aus Fonds oder irgendwelchen Geldinstituten und testamentarisch vermachte Renten.

Von dieser Kapitalrentensteuer sind befreit:[4])

a) die Wertpapiere, die durch besondere Konzessionen oder Gesetze von derselben befreit sind;

---

[1]) Annuaire Statistique d. R. d. Serbie T. IV p. 41—42.

[2]) Conrad, Finanzwissenschaft III. Aufl. 1903 S. 59.

[3]) § 35 des Gesetzes betr. die direkten Steuern vom 14. Juni 1884.

[4]) § 37 ebenda.

b) Ausländer, die ihr Kapitaleinkommen vom Auslande beziehen;

c) alle Institute, die vom Staate pekuniär unterstützt sind;

d) öffentliche Anstalten, wie Krankenhäuser, Armenverpflegung usw. die Vereine zur gegenseitigen Unterstützung der Arbeiter und deren Familien; wissenschaftliche- und Kunstvereine;

e) minderjährige Waisen und zum Erwerb unfähige Personen, wenn sie gar kein anderes Einkommen ausser einer Rente bis zu 200 Frs. beziehen;

f) Geldinstitute unter staatlicher Verwaltung.

Der Steuerfuss war in Serbien bis vor kurzem (1901) durchwegs 6%,[1]) wobei keine freien Jahresrenten vorgesehen waren.

Stellt man die Kapitalrentensteuer in Vergleich mit der Lohn- und Besoldungsbesteuerung, so zeigt sich, dass dieses fundierte Einkommen trotz des hohen Steuerfusses niedriger besteuert wird, als die höheren Stufen des unfundierten, während grundsätzlich das Umgekehrte den allgemein anerkannten Steuergrundsätzen entsprechen würde. An sich erscheint dieses Verhältnis für die Kapitalrenten um so ungerechter, wenn man bedenkt, dass der landesübliche Zinsfuss in Serbien gewöhnlich sehr hoch ist. Nach den statistischen Daten beträgt er bei Geldinstituten 4—12%.[2]) Jener Steuerfuss war bis zum 15. Januar 1901 in Kraft. Seit dieser Zeit werden 6% erhoben nur bis zu einer Summe von 2500 Frs., von da ab werden noch auf jede weiteren 100 Frs. je 0,10% mehr erhoben. Die Progression des Steuerfusses endet bei 10%.

Die Veranlagung geschieht bei der Steuerkommission auf Grund der Selbstdeklaration, zu welcher der Gläubiger verpflichtet ist.[3]) Bei Hypotheken ist auch dem Schuldner eine Anzeigepflicht auferlegt.

Die Erträge der Kapitalrentensteuer waren:

im Jahr 1900	288381,54	Frs.
„ „ 1901	318406,01	„

Bis zum Jahre 1900 wurden die Erträgnisse der Kapitalrentensteuer in der Statistik mit denjenigen der Gewerbesteuer zusammen geführt, so dass die Angabe weiterer Zahlen nicht möglich ist.

---

[1]) § 38 des Gesetzes betr. die direkten Steuern vom 14. Juni 1884.

[2]) Annuaire Statistique d. R. de Serbie IV. T. p. 498.

[3]) § 41 des Gesetzes betr. die direkten Steuern vom 14. Juni 1884.

Lohn- und Besoldungssteuer.

Zum Zwecke der Besteuerung sind die in Frage kommenden Stände, die liberalen Berufe, Besoldungsbeamte und Lohnarbeiter in drei Klassen geteilt:[1])

I. In die erste Klasse gehören die Arbeiter oder die Beamten beiderlei Geschlechts, die im Dienste des Staates, Kreises, Bezirks oder der Gemeinde stehen.

Sie teilen sich in zwei Unterklassen:

1. Personen, in dienender Stellung, wie Schutzleute, Landgendarmen, Dienstboten usw.; diese zahlen 1 % von dem jährlichen Gehalt;

2. a) Personen, die durch Abstimmung gewählt werden, wie Gemeindevorsteher, Gemeindeschreiber und diesen ähnliche;

b) die auf Grund eines Ministerialschreibens ernannt werden, wie Lehrer, Lehrerinnen (Volksschule), das Personal des Nationaltheaters, Diurnisten und diesen ähnliche;

c) die auf Grund eines „Ukas" ernannt und versetzt werden, wie Regierungsbeamte;

d) die Angestellten der Privatgesellschaften, Banken, Versicherungsgesellschaften, Agenten, Prokuristen und diesen ähnliche;

e) die Priester.

Für diese zweite Abteilung der ersten Klasse betragen die Steuersätze:

Höhe der Besoldung	Steuersatz
bis 1000 Frs.	1,5 %
von 1001 bis 1500 Frs.	1,8 %
„ 1501 „ 2000 „	2,0 %
„ 2001 „ 2500 „	2,2 %
„ 2501 „ 3000 „	2,5 %
„ 3001 „ 3500 „	2,8 %
„ 3501 „ 4000 „	3,2 %
„ 4001 „ 5000 „	3,5 %
„ 5001 „ 6000 „	4,0 %
„ 6001 „ 7000 „	4,5 %
„ 7001 „ 8000 „	5,0 %
„ 8001 „ 9000 „	5,5 %
„ 9001 „ 10000 „	6,0 %
„ 10001 „ 12000 „	7,0 %
über 12 000	8,0 %

---

[1]) §§ 59—60 des Gesetzes betr. die direkten Steuern vom 14. Juni 1884.

Alle Nebeneinnahmen oder Zugaben zur Besoldung oder zur Gage werden bei der Steuerveranlagung mit eingerechnet.

II. In die II. Klasse kommen:

1. Die selbständig zu Erwerbszwecken ausgeübten liberalen Berufe, wie Künstler, Privatlehrer, Schriftsteller, Journalisten, Zeitungsinhaber usw.; sie zahlen:

Höhe des Erwerbs	Steuersatz
bis 2000 Frs	1,5 %
von 2001 bis 3000 Frs.	1,8 %
„ 3001 „ 4000 „	2,0 %
„ 4001 „ 5000 „	2,5 %
„ 5001 „ 6000 „	3,0 %
„ 6001 „ 7000 „	3,5 %
„ 7001 „ 8000 „	4,0 %
über 8000 Frs.	4,5 %

2. Rechtsanwälte, Ärzte und diesen ähnliche; sie zahlen:

Höhe des Erwerbs	Steuersatz
bis 3000 Frs.	3 %
von 3001 bis 4000 Frs.	4 %
„ 4001 „ 6000 „	5 %
„ 6001 „ 7000 „	6 %
„ 7001 „ 8000 „	7 %
über 8000 Frs.	8 %

III. Die letzte Gruppe bilden die Lohnarbeiter. Hier ist ein Unterschied gemacht zwischen den Fabrikarbeitern und im Handwerk tätigen Arbeitern einerseits, die 0,7 % zahlen, und andererseits den gewöhnlichen Taglöhnern oder Gelegenheitsarbeitern, die 0,6 % von ihrem jährlichen Lohn leisten. Dabei ist aber ein Existenzminimum nicht vorgesehen, so dass auch der kleinste Arbeitsertrag der Steuer unterworfen ist. Diese Nichtbefreiung des Existenzminimums wirkt umso drückender, als die Aufwandsbesteuerung eine hohe ist. Die letztere trifft in Form von Monopolen Tabak, Salz, Petroleum und Streichhölzer.

Die Erhebung der zahlreichen kleinen Beträge, in denen die hier erörterte Steuer erhoben wird, verursacht unverhältnismässig viel Kosten und Mühe, und ist bei der heutigen lokalen Beweglichkeit der unteren Klassen nur schwer durchführbar.

Die serbische Lohn- und Besoldungssteuer zeichnet sich durch ihre hohen Sätze und ihre starke Progression aus, wie sich dies z. B. im § 59 zeigt, nach welchem bei öffentlichen und Staatsbeamten der Steuerfuss von 1,5 % bis 8 % steigt.

Eine so weit gehende Progression erscheint bei der Besoldungssteuer nicht zulässig: denn auf solche Weise verliert die Abgabe den Charakter einer blossen Besteuerung und wird zu einer absichtlichen Verkürzung der höheren Gehälter. Hält man diese für zu hoch, so ermässigt man sie lieber offen.

In Bayern z. B. ist bei der speziellen Einkommensteuer der Steuersatz für die Staatsbeamten $^{1}/_{3}$% von den ersten 1020 Mk. (in Serbien 1,5 %); $^{2}/_{3}$% von den nächsten 510 Mk. (Serbien 1,8 % für die nächsten 500 Frs.) und von jedem weiteren Betrag 1%, eine Progression, die man als mässig bezeichnen muss. Der Vergleich mit der Kapitalrentensteuer lässt erkennen, dass in Bayern das unfundierte Lohneinkommen erheblich leichter besteuert ist als das fundierte. In Serbien dagegen ist das unfundierte Einkommen oder der Arbeitsertrag im Vergleich zu anderen Ertragszweigen übermässig hoch besteuert. Dies gilt nicht nur für die Staatsbeamten, sondern hauptsächlich auch für die liberalen Berufe, wie Ärzte, Künstler, Schriftsteller, Rechtsanwälte usw.

Die Veranlagung der Besoldungssteuer geschieht bei den öffentlichen wie auch bei Regierungsbeamten und den Beamten der Privatgesellschaften mittels Angaben der Kassenverwaltungen selbst,[1]) bei den anderen liberalen Berufen durch Selbstdeklaration, ebenso bei den Arbeitern. Im übrigen haftet für die Entrichtung der Steuern durch letztere der Arbeitgeber.[1]) Das Militär ist wie überall von dieser Steuer befreit.

Die Erträgnisse der Lohn- und Besoldungssteuer waren:

Jahr	Summe in Frs.	Prozent d. Ertragssteuererträgnisse
1894	867 073,15	2,43
1895	872 050,90	2,52
1896	892 893,34	2,57
1897	966 943,51	2,61
1898	1 066 747,16	2,85
1899	1 081 193,35	2,98

Diese Erträgnisse nehmen also von Jahr zu Jahr zu. So waren sie im Jahre 1894 867 073,15 Frs. und im Jahre 1899 1 081 193,35 Frs. Leider werden von diesem Jahre ab die Erträgnisse in der Statistik nicht mehr getrennt, sondern mit denjenigen der Gewerbesteuer aufgeführt.

---

[1]) § 64 des Gesetzes betr. die direkten Steuern vom 14. Juni 1884.

Die Gewerbesteuer.

Die serbische Gewerbesteuer besteht in der Form, in der sie im Ertragssteuergesetz vom Jahre 1884 erscheint, seit 1900 nicht mehr, aber zum Verständnis ihrer Entwicklung ist es nötig, ein Bild von den früheren Verhältnissen zu geben.

Nach jenem Gesetze war die Gewerbesteuer hauptsächlich eine Besteuerung des Anlage- und Betriebskapitals. Der § 45 des serbischen Gesetzes von 1884 lautete: „Jedes Gewerbe, das mit Kapital betrieben wird, zahlt Steuer nach der Grösse oder dem Wert dieses Kapitals.“

Die Wege zur Ermittlung dieses Betriebskapitals waren verschieden. Bei den Gewerben, wo ordentliche, nach den Vorschriften der Handelsgesetzgebung entsprechende Geschäftsbücher vorhanden sind, nahm man als Betriebskapital die Aktiva der Bilanz an.

Als Aktiva galten: der Wert des Anlagekapitals, Gebäude, Maschinen usw., der vorhandenen Waren und der Betrag des Bargeldes und der Schuldforderungen. Das Gewinn- und Verlustkonto durfte nicht in Betracht gezogen werden.[1]) In Fällen, in denen man keine Bücher im Sinne des Handelsgesetzbuches führte, trat die Selbstdeklaration ein. Falls aber der Steuerausschuss die Angaben über das Betriebsvermögen als den Tatsachen nicht entsprechend fand, bestimmt er den Betrag selbst, und zwar nicht nach äusseren Merkmalen, sondern nach ähnlichen in demselben Orte befindlichen Betrieben derselben Grösse.[2]) Der Steuerpflichtige hatte das Recht der Reklamation.[3])

Bei den gewerblichen Unternehmungen, die rechtlich zu öffentlicher Rechnungsablegung verpflichtet sind, wurde als Massstab der Besteuerung der jährliche Gewinn genommen. Falls das Geschäftsjahr ohne Gewinn verlief, wurde angenommen, dass das Betriebskapital einen Gewinn von 5 % gewähren kann und danach besteuert.[4]) Als Gewinn wurden nicht bloss die Dividenden der Aktionäre angesehen, sondern auch die Abschreibungen, die Summen für Reservefonds, die Summen für etwaiges Tilgen der

---

[1]) § 49 des Gesetzes betr. die direkten Steuern vom 14. Juni 1884.
[2]) § 49 ebenda.
[3]) § 116 ebenda.
[4]) § 50 ebenda.

Aktien, für Abzahlungen der Schulden, für Beteiligung an anderen Unternehmungen und die Tantièmen.

An Steuer zahlen solche gewerbliche Unternehmungen 6 % vom jährlichen Gewinn.

Für die anderen Gewerbe, die nicht rechtlich zu öffentlicher Rechnungsablegung verpflichtet sind, waren die Steuersätze folgende: [1])

Bei einem Betriebsvermögen	Steuersatz
bis 2000 Frs.	10 Frs.
von 2001 bis 4000 Frs.	15 „
„ 4001 „ 6000 „	20 „
„ 6001 „ 8000 „	4 ‰
„ 8001 „ 10000 „	4,5 ‰
„ 10001 „ 20000 „	5 ‰
„ 20001 „ 35000 „	5,5 ‰
„ 35001 „ 50000 „	6 ‰
„ 50001 „ 75000 „	7 ‰
über 75 000 Frs.	8 ‰

Die schwerste Aufgabe bei dieser Besteuerung ist die Ermittelung des Anlage- und Betriebskapitals. Bei den Gewerbetreibenden, die ordentliche Bücher führen, ist dies Verfahren schon etwas erleichtert und die Resultate entsprechen den Tatsachen. Aber solche Betriebe bilden in Serbien die Ausnahmen; in der Regel werden keine Bücher geführt, so dass die Erkennung und Erfassung des Betriebskapitals sehr schwierig ist. Den wahren Verhältnissen entsprechen die auf Selbstdeklaration beruhenden Angaben nie.

Dass sich auf diese Weise vieles Kapital der Gewerbesteuer entzogen hat, unterliegt gar keinem Zweifel. Als Beispiel dafür, wie sich das Gewerbekapital allmählich der Steuer zu entziehen wusste, diene folgendes: Eine Kreisstadt zahlte im Jahre 1886 58 000 Frs. Gewerbesteuer. Allmählich wurde diese Summe immer kleiner, bis sie im Jahre 1899 auf 5406 Frs. gesunken war! Man sollte meinen, die Stadt hätte eine Krisis oder Katastrophe erlebt; aber weit gefehlt, die Stadt war anstatt im Niedergange sich zu befinden, mehr und mehr aufgeblüht.

Abgesehen davon erscheint auch eine solche Besteuerung nach dem Betriebskapital ziemlich roh und unvollkommen. Der Zweck der Gewerbesteuer ist, jeden gewerblichen Reinertrag zu

[1]) § 48 des Gesetzes betr. die direkten Steuern vom 14. Juni 1884.

besteuern. Dieser gewerbliche „Reinertrag“ aber enthält, in sehr verschiedenem Grade gemischt, Kapitalzins und Unternehmergewinn, und bei kleinen Gewerben, in denen der Unternehmer ohne Gehilfen arbeitet, auch Arbeitslohn, wobei man nie bestimmen kann, wieviel Anteil das Kapital und wieviel die Arbeit an dem Ertrage haben.[1])

Bei der Steuerbemessung lediglich nach dem verwendeten Kapital setzt die Gesetzgebung voraus, dass nur das Kapital einen Anteil an dem gewerblichen Ertrage habe. Weiter setzt sie voraus, dass die gewerblichen Unternehmungen, die mit gleich grossem Anlage- und Betriebskapital betrieben werden, gleiche „Reinerträge“ abwerfen. Bei manchen Gewerben aber spielt in dem Betriebe das Betriebskapital keine so grosse Rolle, dass es die Grundlage zur Besteuerung sein könnte, wie z. B. bei Kommissionsgeschäften, Vermittlungsbureaus usw.

Wie sehr sich bei diesem Besteuerungsmodus das gewerbliche Kapital, bzw. der gewerbliche Ertrag infolge falscher Selbstdeklaration oder unrichtiger Einschätzung der Steuer entzogen hat, erkennt man am besten aus den auffallend niedrigen Gesamterträgnissen der Steuer. Diese brachte ungefähr etwas mehr als 500 000 Frs. jährlich ein, während die Kapitalrentensteuer 350 000 Frs. erzielte. Erst nach der Reform im Jahre 1900 stiegen die Erträgnisse der Gewerbesteuer auf 2 Millionen Frs. jährlich.

Durch die Novelle vom 31. Oktober 1886 zu dem Gesetz betreffend die direkten Steuern vom Jahre 1884 ist in Serbien noch eine die Gewerbesteuer ergänzende „Umsatzsteuer“ eingeführt. Veranlasst war sie hauptsächlich durch die Erfahrung, dass sich das Gewerbekapital infolge der mangelhaften Gesetzgebung sehr leicht der Besteuerung entzieht. Sie sollte auch die ungenügende Gewerbesteuer „ergänzen“. Der Steuer unterliegen alle diejenigen Betriebe, die auch der Gewerbesteuer unterliegen. Denn die Umsatzsteuer besteht nie für sich, sondern tritt immer nur in Verbindung mit der Gewerbesteuer auf.

Erhoben wird sie auf zweierlei Weise: entweder vom jährlichen Umsatz, bzw. vom Werte der zum Absatz bestimmten Waren oder vom jährlichen Mietzins des Gebäudes in welchem das Gewerbe betrieben wird, bzw. vom jährlichen Pachtzins.[2])

[1]) Neumann, Ertragssteuern oder persönliche Steuern S. 48.

[2]) § 66 des Gesetzes betr. die direkten Steuern vom 14. Juni 1884.

Vom jährlichen Umsatz, bzw. vom Werte der Waren wird sie erhoben bei Handelsgeschäften (Manufaktur-, Konfektions-, Kurz- und Modewarengeschäften), Spekulations-, Lieferungs- und Bauunternehmungen, Holzgeschäften, Bankunternehmungen, Wechselgeschäften und diesen ähnliche.

Vom jährlichen Mietzins, bzw. Pachtzins bei allen Industrieunternehmungen (Mühlen, Bierbrauereien, Holzsägereien, Ziegeleien, Steinbrüchen usw.), Gärtnereien, Bäckereien, allen Nahrungsmittelgeschäften, Wirtshäusern und bei allen zum Vergnügen dienenden Unternehmungen.[1])

Der Steuersatz beträgt:[2])

a) für Gärtnereien und Industrieunternehmungen, Nahrungsmittelgeschäften, Wirtshäusern, Restaurants, Hotels, Badeanstalten 4% vom jährlichen Mietzins des Gebäudes in welchem das Gewerbe ausgeführt wird, bzw. 4% vom jährlichen Pachtzins;

b) für Handelsgeschäfte (Manufaktur-, Konfektions-, Kurz-, Modewarengeschäfte usw.), die fertige Fabrikate absetzen, 7% vom jährlichen Umsatz, bzw. 7% vom Werte der Absatzwaren;

c) für Handels- und Spekulationsgeschäfte, die Rohstoffe absetzen, Lieferungs- und Bauunternehmungen 1% vom jährlichen Umsatz, bzw. 1% vom Werte der Absatzwaren;

d) für Bank- und Wechselgeschäft-Unternehmungen der Aktiengesellschaften: erster Kategorie 3000 Frs., zweiter 2000 Frs., dritter 1000 Frs. In welche Kategorie die betreffenden Bankgeschäfte einzureihen sind, entscheidet die Steuerbehörde;

e) für kleine Privatbanken und Personen, die Geldsummen auf kurze Frist verleihen, in Belgrad 2000 Frs., in der Provinz 1000 Frs.;

f) für alle öffentlichen Lieferungen und Arbeiten die für den Staat und andere öffentliche Korporationen auf dem Wege der Meistbietung unternommen werden, 1% von der festgesetzten Summe;

g) für Kurz- und Kleinwarengeschäfte in Dörfern 1% vom jährlichen Umsatz. Die Minimalsteuersumme für solche Geschäfte ist 50 Frs.

Bis zum 19. Juni 1893 wurde diese Umsatzsteuer wie jede andere direkte Steuer für alle obenangeführten Betriebe selbst

---

[1]) § 66 des Gesetzes betr. die direkten Steuern vom 14. Juni 1884.

[2]) § 67 ebenda.

im Betriebe des Steuersubjekts viertel-, halb- oder jährlich auf Grund einer Selbstdeklaration erhoben. Seit diesem Zeitpunkte aber, als der im Jahre 1892 am 28. Juli abgeschlossene Handelsvertrag mit Österreich-Ungarn in Kraft trat, wurde die Bestimmung getroffen, dass diese Steuer für die unter b und c (siehe oben) angeführten steuerpflichtigen Betriebe beim Einführen der Fabrikate und Rohstoffe selbst an der Zollgrenze mit dem Zoll zusammen erhoben werden solle.[1]) Die anderen Betriebe zahlten die Steuer noch auf Grund der Selbstdeklaration bei den Steuerbehörden. Dieser Teil der Umsatzsteuer, der im Inlande, also nicht an der Zollgrenze erhoben wird, wird in der serbischen Gesetzgebung „Ergänzungssteuer" genannt. Die an der Zollgrenze erhobene Steuer zahlen meistenteils Manufaktur-, Konfektions-, Kurz- und Modewarengeschäfte, die alle in diese Branche einschlägigen Artikel einführen. Es ist klar, dass jeder Geschäfts- und Kaufmann streben wird, diese Steuer, die er als eine Art Zoll ansehen muss, in den Absatzpreisen seiner Waren „wieder hereinzubekommen", d. h. sie auf Abnehmer und Konsumenten zu überwälzen, um so mehr, da die Steuer schon im voraus, bevor ein „fertiges Resultat abgeschlossener Erwerbsvorgänge" eintritt, erhoben wird. Diese Umsatzsteuer wird auch von den Handelsvertragsstaaten, besonders von Österreich-Ungarn, als eine Art Zoll angesehen, so dass der im Jahre 1899 gemachte Versuch, die Steuer zu erhöhen, an dem Protest der Handelsvertragsstaaten scheiterte.

Wie geschildert, hat diese Umsatzsteuer vom 31. Oktober 1886 zweierlei Charakter: erstens den eines Zolls, nach der serbischen Gesetzgebung „Umsatzsteuer" genannt, die jedoch an der Zollgrenze, — und zweitens, den einer die Gewerbesteuer ergänzenden Steuer, „Ergänzungssteuer" genannt, die aber im Inlande erhoben wird. Die Bestimmungen des Gesetzes lassen nur zu deutlich die Absicht des Gesetzgebers erkennen; mit möglichst hohem Satz, 7 % vom Werte, den Handel mit ausländischen Produkten, bzw. diese Produkte selbst, zu belasten. Diese Absicht des Gesetzgebers ist auch erreicht, denn die Erträgnisse der an der Zollgrenze erhobenen Steuern betragen über 2½ Mill. Frs., die der im Inlande erhobenen Ergänzungssteuer dagegen etwas über 250 000 Frs.

[1]) § 66 des Gesetzes betr. die direkten Steuern vom 14. Juni 1884.

Aus den oben angeführten Gründen, die zu dem Ergebnis führen, dass diese Umsatzsteuer mehr den Charakter einer indirekten Abgabe an sich trägt, haben wir sie bei der Behandlung der Ertragssteuer im Budget, sowie bei der Berechnung ihrer Verteilung auf den Kopf der Bevölkerung ausgeschaltet.

Die Erträgnisse der an der Zollgrenze erhobenen „Umsatzsteuer" betrugen:

Jahr	Summe in Frs.
1894	2 395 767,31
1895	1 797 727,72 [1])
1896	2 139 341,02
1897	2 614 600,29
1898	2 455 386,43
1899	2 878 822,67
1900	2 471 477,97
1901	2 461 737,02

Die Erträgnisse der im Inlande erhobenen „Ergänzungssteuer" waren:

Jahr	Summe in Frs.
1894	222 419,77
1895	221 660,79
1896	210 035,41
1897	244 123,61
1898	303 289,48
1899	323 311,54
1900	292 858,33
1901	342 792,05

Die Art der Besteuerung nach dem Anlage- und Betriebskapital, war bis zum Jahre 1900 in Kraft. In diesem Jahre jedoch wurde die Steuer reformiert und zwar aus fiskalischen Motiven. Die Finanzen Serbiens wiesen in den letzten Jahren eine starke Misswirtschaft auf. Ein Gleichgewicht im Budget konnte nie hergestellt werden, ja am Ende jedes Budgetjahres ergab sich stets ein Defizit von 6—8 Millionen Frs., welches mittels schwebender Schulden gedeckt wurde. Diese Zustände wurden mit der Zeit unhaltbar. Behufs Herstellung des Gleichgewichts im Budget nahm die Regierung zuerst einige Veränderungen im Budget-Gesetze vor, indem sie unter dem 20. Dezember 1898 ein Gesetz erliess, wonach die Bewilligung nach-

[1]) Im Jahre 1895 war die Einfuhr geringer als in den anderen Jahren.

träglicher Kredite die Zustimmung des ganzen Ministeriums erfordere.[1]) Doch das Einnahmebudget konnte nicht so leicht vergrössert werden. Da die Monopolpreise bereits in der ersten Hälfe des Jahres 1899 eine Erhöhung erfahren hatten, sich deshalb nicht leicht abermals erhöhen liessen, entschied man sich für eine Erhöhung der „Umsatzsteuer" und zwar um 75 %, die bei einem Voranschlag für 1900 auf 3589737 Frs. eine Mehreinnahme von ungefähr $2^1/_2$ Millionen Frs. gebracht hätte. Aber, wie wir schon gesehen haben, scheiterte diese Vorlage an dem Protest der Handelsvertragsstaaten, besonders Österreich-Ungarns.

Man suchte nunmehr nach einem Steuerobjekt, das bisher am wenigsten belastet war. Da die geringen Erträgnisse von ungefähr 500000 Frs., welche die Gewerbesteuer abwarf, den Beweis geliefert hatten, dass sich das meiste Gewerbekapital der Steuer entzöge, lag es nahe, diese Steuer zu reformieren, um aus ihr grössere Erträgnisse zu erzielen.

Die Besteuerung nach dem Betriebskapital wurde nunmehr aufgegeben und dafür eine solche nach dem „Brutto-Ertrage" eingeführt.

Das Gesetz rief eine starke Opposition in den Handels- und Gewerbekreisen hervor. Dieselbe richtete sich nicht gegen eine Reform überhaupt, als vielmehr gegen den gewählten Besteuerungsmodus. Dieses Gesetz vom Jahre 1900 war notwendig, weil man das Budget für dasselbe Jahr schon aufgestellt hatte in der festen Annahme, dass die Vorlage über die Erhöhung der Umsatzsteuer auf keine Schwierigkeiten stossen werde. Das Gesetz wurde sozusagen an einem Tage gemacht, ohne jedes Vorstudium, ohne jedes Material. Der Regierung kam es vor allem darauf an, durch dieses Gesetz unter allen Umständen grössere Erträgnisse zu erzielen; welche Wirkung dasselbe auf das Gewerbe und den Handel haben werde, kam erst in zweiter Linie zur Erwägung. Aber die Opposition in Handels- und Gewerbekreisen war so stark, dass der Finanzminister versprechen musste, dieses Gesetz nur ein Jahr in Kraft zu lassen, und im nächsten Jahre eine gründliche Reform vorzunehmen. Das ist auch geschehen, aber unter einem anderen Ministerium. Die Opposition erwies sich später als gerechtfertigt. Denn das Gesetz war praktisch unbrauchbar.

---

[1]) §§ 31 und 32 des Budgetgesetzes vom 20. Dezember 1898.

Einstweilen aber zog der Fiskus entschieden finanziellen Nutzen aus demselben. Indem die Erträgnisse bis über 2 Millionen Frs. stiegen, war wenigstens der Beweis erbracht, dass aus dem Gewerbe durch eine rationelle und richtige Besteuerung sich wohl grössere Einnahmen ziehen liessen.

Das Gewerbesteuergesetz vom Jahre 1900 ordnet, wie gesagt, die Besteuerung nach dem „Brutto-Ertrage"[1]) an. Als Bruttoertrag galt alles, was das betreffende Steuersubjekt in seinem Gewerbe in einem Jahre erhält, verdient oder erhalten kann, ohne Abzug seiner Ausgaben und Unkosten.[2])

Zwecks der Besteuerung sind die Gewerbe in zwei Kategorien eingeteilt:[2])

Die erste Kategorie umfasst diejenigen, welche weder den Gesetzen, noch ihrer Bestimmung nach gezwungen sind, öffentliche Rechnung abzulegen;

die zweite Kategorie die, welche zu öffentlicher Rechnungsablegung verpflichtet sind.

Die Gewerbe aus der ersten Kategorie teilen sich in:

1. die, bei welchen das Kapital bei dem Betriebe im Vordergrunde steht, wie Handelsgeschäfte, Industrie-, Bank- und Wechselgeschäfte, Bierbrauereien, Lieferanten, Bau-, Pachtgeschäfte, Eisenbahnen, Dampfschiffahrt usw.; auch Kaufleute werden dazu gerechnet, die mit Vieh, Nahrungsmitteln und Getränken handeln;

2. die, bei deren Betrieb mehr körperliche Kraft und geistige Arbeit als das Kapital den Ausschlag gibt, wie: Theater, photographische Ateliers, Schlächtereien, Wirts-, Kaffee-Häuser, Kommissionsgeschäfte, Vermittlungsbureaus, Malereien, Tischlereien usw.

Unter die zweite Kategorie fallen: Geldinstitute, Sparkassen, Aktiengesellschaften aller Form, Kommandit-Gesellschaften, Gesellschaften auf Gegenseitigkeit, Versicherungs-, Eisenbahn- und Dampfschiffahrts- und andere öffentliche Verkehrsgesellschaften, wenn sie nicht in die erste Kategorie gehören.[3])

Die Gewerbe erster Kategorie, erster Abteilung zahlen in Belgrad 10%, in Kreisstädten 7%, in anderen Orten 5% jährlich

---

[1]) § 5 des Gewerbesteuergesetzes vom 15. Januar 1900.
[2]) § 2 ebenda.
[3]) § 8 ebenda.

von dem Bruttoertrage als Gewerbesteuer. Aber jedes dieser Gewerbe muss in Belgrad 100 Frs., in den Kreisstädten 50 Frs. und anderswo 30 Frs. mindestens entrichten.

Die Gewerbe erster Kategorie zweiter Abteilung zahlen in Belgrad 7%, in Kreisstädten 5% und an anderen Orten 3%. Die Minimalsteuersumme ist für Belgrad 30, Kreisstädte 20 und für andere Orte 10 Frs.

Die Gewerbe zweiter Kategorie zahlen 6% vom Bruttoertrage. Minimalsteuersumme 500 Frs.[1])

Die Veranlagung ist verschieden:

Bei den Geldinstituten und gewerblichen Unternehmungen, die rechtlich zu öffentlicher Rechnungsablegung verpflichtet sind, wird die Veranlagung auf Grund der Bilanzen durchgeführt. Bei den Gewerben, die ordentliche Bücher führen, wird die Veranlagung auf Grund eines Auszuges aus diesen vollzogen. In Fällen, in denen gar keine Bücher vorhanden sind, wird der mutmassliche Bruttoertrag nach äusseren Merkmalen festgestellt.

In den beiden ersten Fällen ist die Ermittlung des Bruttoertrages leicht und ziemlich sicher und eine auf Tatsachen beruhende. Im dritten Falle aber ist das Verfahren zur Ermittlung des „Bruttoertrages" ein ganz eigenartiges: Es werden die Gehälter der Angestellten, der Wert des gesamten Materials, der jährliche Mietzins der Wohnung und der Geschäftslokale, der Logierräume, Scheune usw. addiert, diese Zahl wird mit 5 multipliziert, und die auf diese Weise gewonnene Zahl soll der Bruttoertrag des betreffenden Steuersubjekts sein (!!).[2]) Bei den Kaffee- und Wirtshäusern wird diese Zahl mit 2 multipliziert. Bei den Kaufleuten, die mit Landesprodukten handeln, wird der jährliche Umsatz zuerst mit 10 multipliziert und dann mit 100 dividiert, und die gewonnene Zahl stellt den Bruttoertrag dar.[2]) Ein nicht recht verständlicher Modus, da es doch praktischer wäre, den jährlichen Umsatz gleich mit 10 zu dividieren. Warum und aus welchem Grunde gerade die auf solche Weise gewonnenen Zahlen den Bruttoertrag darstellen sollen, ist mir nicht erklärlich.

Die behufs Durchführung erlassene „Vollzugsschrift" steht in wichtigen Punkten mit den Bestimmungen des Gesetzes

---

[1]) § 5 des Gewerbesteuergesetzes vom 15. Januar 1900.

[2]) § 11 ebenda.

in Widerspruch. Diese Abweichungen betreffen die Ermittlung des Bruttoertrages, sowie den Steuerfuss selbst; ausserdem zahlen nach der „Vollzugsschrift“ die Gewerbe zweiter Kategorie die Steuer nach dem Reinertrage, nicht nach dem Bruttoertrage, wie es prinzipiell in dem Gesetze verlangt ist, so dass insoweit die Vollzugsschrift die Bedeutung eines Abänderungsgesetzes gewinnt. Wie ein Widerspruch zwischen Gesetz und Verwaltungsvorschriften möglich ist, während Serbien doch einen Verfassungsstaat bildet, ist unbegreiflich. Das Gesetz wurde doch als solches durch die Landesvertretung votiert und sonach hat kein Minister das Recht, in seinen Bestimmungen eigenmächtige Änderungen vorzunehmen.

Nach dem Gesetze (§ 5) sollen die Gewerbe erster Kategorie, erster Abteilung 10 % vom Bruttoertrage als Steuer leisten; in der „Vollzugsschrift“ Abt. IV (a) ist aber dieser Steuersatz auf 8 % erniedrigt; zweitens weicht das in der „Vollzugsschrift“ festgesetzte Erfahren in der Ermittlung des Bruttoertrages sehr vom Gesetze ab, so z. B. bei dem Handel mit Landesprodukten. Hier setzt die „Vollzugsschrift“ voraus, dass das Kapital dreimal umgesetzt wird. Also um den Bruttoertrag zu gewinnen, muss man das Kapital mit 3 multiplizieren und dann mit 10 dividieren; die gewonnene Zahl ist der Bruttoertrag. Beim Juwelier- und Goldschmiede-Gewerbe wird der Bruttoertrag ermittelt, indem das Kapital mit 4 multipliziert und mit 10 dividiert wird.

Bei allen anderen Gewerben wird in analoger Weise verfahren, indem überall mittels Multiplizieren und Dividieren mit beliebigen Zahlen der Bruttoertrag berechnet wird. Ich sagte: mit beliebigen Zahlen, denn warum und auf welcher Grundlage bei einem Gewerbe das Kapital mit 4, bei anderen mit 3 und 6 ½ multipliziert wird, weiss man nicht.

Weiter ist bemerkenswert in der „Vollzugsschrift“ das Ermittlungsverfahren bei den Geldinstituten und gewerblichen Unternehmungen, die öffentlich Rechnung ablegen. In dieser Beziehung heisst es: Um den Bruttoertrag zu ermitteln, muss man von der jährlichen Bilanz die Gehälter der Beamten und Angestellten, die Depositenleihzinsen, Amortisationen und Abschreibungen und die bezahlte Steuer (welche?) abziehen; — der Rest ist als Bruttoertrag anzusehen. Aus diesem Verfahren ersieht man, dass die Geldinstitute und oben erwähnten Gesellschaften die Gewerbesteuer nicht nach Brutto-, sondern Nettoertrag leisten, dass also zu ihren Gunsten von den allgemeinen Bestimmungen des Gesetzes (§ 5 und 6) abgewichen wurde. Dieser Fehler ist bloss deshalb begangen, weil in dem Gesetze keine klare und gute Definition vom Bruttoertrage gegeben ist, so dass dadurch die grössten Konfusionen entstehen. Dass solch ein „Gesetz" und seine „Vollzugsschrift" keinen praktischen Wert haben würden, war vorauszusehen. Als mit der Veranlagung der Steuer vorgegangen wurde, erwies sich das Ganze als „finanziell unbrauchbar". Die Steuer wurde daher auch nicht nach diesem Gesetze, sondern auf Grund eines Kompromisses zwischen dem Finanzminister und einem Ausschuss Belgrader Kaufleute veranlagt.

Das Gewerbesteuergesetz vom 15. Januar 1901.

Wie wir schon gesehen haben, gründet das Gewerbesteuergesetz vom 14. Juni 1884 die Besteuerung auf das Anlage- und Betriebskapital, jenes vom 15. Januar 1900 auf den Bruttoertrag. Das Gesetz vom 15. Januar 1901 endlich wählt den Reinertrag als Grundlage. Wir wollen zunächst die Hauptbestimmungen des Gesetzes darstellen.

Der Gewerbesteuer unterliegen:

Der Handel mit in- und ausländischen Produkten, Industrie und Gewerbe, Bauunternehmungen, Lieferungen, Apotheken, Bank- und Wechselgeschäfte, Bierbrauereien und alle anderen Gewerbebetriebe und gewerblichen Beschäftigungen.[1])

Dieser Steuer unterliegen nicht:

a) landwirtschaftliche und gewerbliche Genossenschaften, die auf Grund des Gesetzes vom 3. Dezember 1898 über die gewerblichen und landwirtschaftlichen Genossenschaften bestehen;

b) Landwirte, soweit sie selbstgewonnene Erzeugnisse zum Absatz bringen;

c) Personen, die durch Hausindustrie ihren Lebensunterhalt erzielen;

d) diejenigen Unternehmungen, die durch Kommissionen und Gesetze von dieser Steuer schon befreit sind, während die Filialen solcher Unternehmungen dieser Steuer dann unterliegen,

---

[1]) § 1 des Gewerbesteuergesetzes vom 15. Januar 1901.

wenn sie sich an einem anderen Orte als dem ihrer Mutterunternehmungen befinden;

e) Bergbau;

f) Kleinverkäufer von Tabak, Stempelpapier und Stempelmarken, sowie Verkäufer der staatlichen Klassenlotterielose.[1])

Alle, welche nach § 46 dieser Steuer unterliegen, haben die gesamte Betriebseinnahme zu versteuern nach Abzug bestimmter Bestandteile.

Es kommen in Abzug:

a) Mieten für Räume, in welchen das Gewerbe betrieben wird, ohne Rücksicht darauf, ob dieselben Eigentum oder gemietet sind; wenn aber dieselben Räume auch als Wohnräume dienen oder einen Teil des Wohngebäudes bilden, wird mindestens $^1/_3$ des tatsächlichen oder des erzielbaren Mietzinses als derjenige für Wohnräume gerechnet;

b) Gehälter und Löhne des Personals;

c) Unkosten, die durch den Gewerbebetrieb selbst verursacht werden, wie z. B. für Feuerung, Beleuchtung, Post usw. Wenn aber die Höhe dieser Unkosten aus den Geschäftsbüchern nicht festzustellen ist, wird sie nach den Bestimmungen dieses Gesetzes festgesetzt;

d) Abschreibungen, welche einer angemessenen Wertsminderung entsprechen, auch von Gebäuden, wenn sie Eigentum des betreffenden Gewerbetreibenden sind.

Bei den Geldinstituten sind, ausser den obenerwähnten Abzügen, noch die Zinsen auf Depositen in Abzug zu bringen.[2])

Bei denjenigen Steuerpflichtigen, welche ordentliche, vom Handelsgerichte vorgeschriebene und bescheinigte Bücher führen, wird der zur Besteuerung zugrunde zu legende Reinertrag aus der Bilanz derselben ermittelt. Doch kann die Steuerbehörde, wenn sie es für angemessen hält, verlangen, dass der betreffende Steuerpflichtige die Richtigkeit seiner Bücher eidlich erhärtet.[3])

Bei den Gewerben, die zur öffentlichen Rechnungsablegung verpflichtet sind, gilt als Masstab der Besteuerung für das kommende Jahr das Gewinn- und Verlust-Konto aus dem vorigen Jahre.[4])

---

[1]) § 47 des Gewerbesteuergesetzes vom 15. Januar 1901.

[2]) § 49 ebenda.

[3]) § 50 ebenda.

[4]) § 51 ebenda.

Bei den Gewerben, bei deren Betrieb das Kapital eine ausschlaggebende Rolle spielt, bei denen aber keine Handelsbücher geführt werden oder der Steuerpflichtige die Bilanz nicht vorlegen will, wird die Steuer nach der Grösse des Anlage- und Betriebskapitals bemessen, ohne Abzug der darauf lastenden Kapitalschulden. In diesem Falle nimmt man an, dass das Kapital einen Ertrag von 8-20%, bei Apotheken sogar 20—40% abwerfen kann.[1]) Welcher Prozentsatz für einzelne Gewerbe anzuwenden ist, entscheidet die Steuerbehörde nach den Berichten und Gutachten des „Handelsvereins", des Ausschusses der „Zünfte" oder des der „Baumeister".[2])

In den Fällen, wo die Natur des Gewerbes die Berechnung des Reinertrages nach dem Anlagekapital unmöglich macht, wie bei Ziegeleien, Mörtelwerken, Steinbrüchen usw., wird dieser nach dem jährlichen Umsatz festgesetzt. Zur Bestimmung der Höhe des Umsatzes werden nach dem Wortlaut des Gesetzes vor allem die „Grösse der Geschäftsverbindlichkeiten und die gewöhnliche Rentabilität" in Betracht gezogen. Von dem ermittelten Umsatz gelten 5—15% als Reinertrag. Auch in diesen Fällen entscheiden die Steuerbehörden nach dem oben geschilderten Verfahren, welcher Prozentsatz anzuwenden ist.[1]) Bei den Ausfuhrgeschäften darf dieser Prozentsatz nur 1—3% sein.

Dazu kommen noch die Fälle, wo der Reinertrag nach anderen äusseren Merkmalen ermittelt wird. Das sind Gewerbebetriebe oder Gewerke, die mehr mit Arbeitskräften wie mit Kapital betrieben werden. Hier gelten als äussere Merkmale: Gehälter und Löhne der Arbeiter und Gehilfen, der jährliche Mietzins für Räume, Arbeitsfähigkeit der Maschinen, Werkzeuge usw., der Wert der erzeugten Waren und Gegenstände und des Rohmaterials. Alle diese Werte werden addiert und 6—16% wird als Reinertrag der Summe angesehen.[1]) Dieser Veranlagungsmodus wird nur zwei Jahre hindurch angewendet. Das Mittel aus diesen beiden so ermittelten Erträgen ist für die spätere Veranlagung massgebend.[3])

Bei Bauunternehmungen und Bauarbeiten wird der Rein-

[1]) § 52 des Gewerbesteuergesetzes vom 15. Januar 1901.
[2]) § 55 ebenda.
[3]) § 53 ebenda.

ertrag nach der Höhe der festgesetzten Bausumme berechnet und zwar mit 5—15% derselben.

In allen obenerwähnten Fällen entscheidet die Steuerbehörde nach den Berichten und dem Gutachten des „Handelsvereins" oder der „Zünfte" oder des „Ausschusses der Baumeister" darüber, welches Moment, ob Kapital, Umsatz oder „äussere Merkmale", und welcher Prozentsatz dann für die einzelnen Gewerbebetriebe für die Ermittlung und Festsetzung des Reinertrags massgebend sein soll.

Zum Zwecke der Besteuerung sind alle Gewerbe in zwei Gruppen geteilt. In die erste kommen: Handelsgeschäfte ohne Unterschied, Industrieunternehmungen, Bankhäuser, Wechselgeschäfte, Baugeschäfte, alle Aktiengesellschaften und alle gewerblichen Beschäftigungen mit Ausnahme der in der zweiten Gruppe erwähnten.

Der zweiten Gruppe gehören an: Ausfuhrgeschäfte, Gewerbe und Geschäfte mit Lebensmitteln (Krämer-, Gemüse- und Grünwarengeschäfte, Marktverkäufer usw.). Wenn ein Handwerker neben selbstgefertigten Waren auch fertig angekaufte weiter verkauft, gehört er in die erste Gruppe.[1])

Die erste Gruppe zahlt vom Reinertrag:

Reinertrag	Steuersatz
bis 2 000 Frs.	3,5 %
von 2 001 bis 4 000 Frs.	4,0 %
„ 4 001 „ 6 000 „	4,5 %
„ 6 001 „ 10 000 „	5,0 %
„ 10 001 „ 15 000 „	5,5 %
„ 15 001 „ 20 000 „	6,0 %
„ 20 001. „ 25 000 „	6,5 %
über 25 000 Frs.	7,0 %

Die zweite:

Reinertrag	Steuersatz
bis 1 000 Frs.	2,0 %
von 1 001 bis 2 500 Frs.	2,5 %
„ 2 501 „ 4 000 „	3,0 %
„ 4 001 „ 6 000 „	3,5 %
„ 6 001 „ 8 000 „	4,0 %
„ 8 001 „ 10 000 „	4,5 %
über 10 001 Frs.	5,0 %

[1]) § 56 des Gewerbesteuergesetzes vom 15. Jauuar 1901.

Jeder Gewerbesteuerpflichtige hat wenigstens 15 Frs. jährlich Gewerbesteuer zu zahlen, für die Viehhändler beträgt der Minimalsatz 60 Frs.; für die rechtlich zu öffentlicher Rechnungsablegung verpflichteten gewerblichen Unternehmungen 250 Frs. und für die Versicherungsgesellschaften 750 Frs.

Bei keiner Steuer weichen die Gesetzgebungen der verschiedenen Länder in ihrer Begrenzung wie ihren Modalitäten so voneinander ab, als bei der Gewerbesteuer. Die Grenze zwischen der Gewerbe- und Einkommensteuer ist vielfach verwischt; ja, manchmal besteht ein enger Zusammenhang zwischen beiden Steuern. In Österreich z. B. ist die Erwerbssteuer eine allgemeine, auf Handel, Fabriken, Handwerker, Gast- und Schankgewerbe, Transportgewerbe, bestimmte liberale Berufsarten (Advokaten, Notare, Privatlehrer usw.) sich ausdehnende Gewerbesteuer, während in Preussen dieselbe engeren Umfang, durch Ausschluss der kleinen Handwerker, des landwirtschaftlichen Erwerbs, auch der sogenannten liberalen Berufsarten hatte. In Serbien wiederum ist der Umfang der Gewerbesteuer etwas kleiner wie in Österreich und grösser, wie er in Preussen gewesen ist. Denn die serbische Gewerbesteuer erstreckt sich nicht auf die liberalen Berufe, sondern nur auf alle Gewerbe, aber auch auf Kleinhandwerker. Die kleinen Handwerker geniessen sonach in Serbien keine Steuerfreiheit. In Preussen dagegen bleiben nach dem Gesetze von 1891 diejenigen Betriebe steuerfrei, deren Ertrag 1500 Mk. oder deren Kapital 3000 Mk. nicht erreicht, eine Besteuerung, die über 30000 Gewerbebetriebe von der Steuer ausschliesst.

Aus dem bisher Geschilderten erkennt man, dass dem Gesetze die Einheitlichkeit mangelt. § 46 bezeichnet als Grundlage der Besteuerung den Reinertrag. Statt den letzteren direkt zu ermitteln hat man teilweise auch Kapital, jährlichen Umsatz und „äussere Merkmale“ als Grundlage der Besteuerung angenommen. Da in Serbien regelrechte Buchführung wenig besteht, werden statt des aus den Geschäftsbüchern gewonnenen Reinertrages, die anderen zwei Momente, Kapital und Umsatz, als Besteuerungsgrundlage angenommen.

Wie in Serbien Buch geführt wird, kann man aus § 50 schliessen: Bei den Steuerpflichtigen, welche ordentliche und vom Handelsgericht vorgeschriebene und bescheinigte Bücher führen, wird der der Besteuerung zugrunde zu legende Ertrag aus der Bilanz derselben ermittelt. Doch kann die Steuerbehörde, wenn sie es angemessen findet, von dem Betreffenden verlangen, dass er einen Eid auf die Richtigkeit seiner Bücher leistet. Diese serbische Bestimmung steht vielleicht einzig da in der ganzen Steuergesetzgebung. Sie wirft ein sehr schlechtes Licht auf die Richtigkeit der Selbstdeklarationen und ausserdem auf das ganze Buchführungswesen in Serbien.

In dieser Beziehung war das Gesetz vom Jahre 1884 viel besser; denn es besass mindestens die nötige Einheitlichkeit, obgleich die Besteuerung nach dem Kapital eine ziemlich unvollkommene war. Dagegen ist mit der Festsetzung des Reinertrages nach dem Kapital und Umsatz gar nichts gewonnen. Man ist also keinen rechten Schritt weitergekommen; denn das ganze Verfahren ist kompliziert, unsicher, unzuverlässig, so dass die daraus gewonnenen Resultate willkürlich erscheinen müssen. Selbst die gesetzliche Voraussetzung, der Reinertrag eines Gewerbes wäre bloss das Produkt, also ein gewisser Prozent des angelegten Kapitals, wie im § 53 gesagt wird, ist falsch. Denn der Ertrag eines Gewerbes ist das Produkt hauptsächlich von Arbeit und Kapital. Dieses Gesetz macht also denselben Fehler, wie jenes von 1884, indem es voraussetzt, dass für den Ertrag nur das Kapital massgebend sei. Wie wir gesehen haben, unterscheidet sich dieses Gesetz vom vorhergehenden nicht allzusehr. Hier ist die Regel aufgestellt: die Besteuerung geschieht nach dem Reinertrage, aber dieser „Reinertrag" ist hier etwas willkürlich angenommenes. Wie schon der Bruttoertrag im alten Gesetze von 1900, so wird auch im neuen Gesetze der Ertrag auf eine steuertechnisch höchst bedenkliche Weise ermittelt, so dass vor lauter Ausnahmen von der Regel selbst nicht mehr viel zu merken ist. In dem alten Gesetze ist die Ermittlung des Ertrages den Steuerausschüssen überlassen, in dem heutigen der Steuerbehörde, und zwar erfolgt diese Ermittlung alle vier Jahre nach dem Gutachten und Berichten des „Handelsvereins", der „Zünfte" und des „Ausschusses der Baumeister." Auch dies regelmässige Hinzuziehen von Privatkorporationen zur Erledigung der staatlichen Steuerangelegenheiten ist nicht zweckmässig; denn auf diese Weise spielen die Privat- oder Standes-Interessen zu stark mit hinein.

Die Kopfsteuer.

Dieser Steuer ist jeder Einwohner Serbiens vom 21.—60. Lebensjahr unterworfen.[1] Sie beträgt 6 Frs. pro Kopf.[2] Ausser diesen 6 Frs. zahlt man für jeden Franc geleisteter direkten Steuern 0,05 Fr., also noch 5%. In Fällen, in denen sich das Vermögen in Zadruga befindet, zahlt diese Steuer von 5% nur der älteste, die anderen Mitglieder derselben bloss die ersterwähnten 6 Frs.

Von der Kopfsteuer sind befreit:[3]

a) die Minderjährigen;
b) Einwohner über 60 Jahre alt;
c) Fremde Gesandten, Konsuln und deren Beamte;
d) Soldaten im stehenden Heere, Grenzaufseher;
e) Studenten;
f) die zu Haft, Gefängnis, Zuchthaus über ein Jahr Verurteilten;
g) Invaliden;
h) Erwerbsunfähige, die weniger wie 20 Frs. direkte Steuern zahlen;
i) weibliche Personen, deren einziges Einkommen eine Witwenpension bildet, und weibliche Personen, die kein Gewerbe betreiben, deren Einkommen aber 500 Frs. nicht übersteigt.

Die Erträgnisse der Kopfsteuer waren:

Jahrgang	Summe in Frs.
1894	3 399 906,04
1895	3 436 677,55
1896	3 460 115,80
1897	3 488 601,77
1898	3 485 996,32
1899	3 468 019,27
1900	3 710 740,39
1901	3 567 860,08

Dass sich diese primitive Kopfsteuer bis heute in dem Systeme erhalten hat, erklärt sich aus der schlechten finanziellen Lage des Fiskus, welcher auf sie des ziemlich hohen Ertrages wegen, den

[1]) § 71 d. Gesetzes betr. die direkten Steuern vom 14. Juni 1884.
[2]) § 72 ebenda.
[3]) § 74 ebenda.

sie bringt, nicht verzichten kann. Ausserdem empfiehlt sie sich ihm durch die Einfachheit der Veranlagung sowie durch die Leichtigkeit der Erhebung.

Die Staatszuschlagssteuer.

Ausser den bis jetzt behandelten Ertragssteuern wird vom Staate noch eine Zuschlagssteuer erhoben. § 76 des betr. Gesetzes lautet: Mit jedem Franc direkter staatlicher Steuern wird noch 75 Para (75%) als ständige Zuschlagssteuer erhoben. Die Steuer bildet damit eine Ergänzungsabgabe. Sie wird nur auf Grund der schon veranlagten direkten Staatssteuern erhoben. Es ist ein interessantes Merkmal der serbischen Steuerpolitik, dass die Aufbringung der Mittel zur Bestreitung der immer grösser werdenden staatlichen Verpflichtungen selten durch Erhöhung des Steuerfusses bei den einzelnen direkten Steuern oder durch Erschliessung neuer Einnahmequellen erfolgt, sondern durch Zuschlagssteuern. Diese sind fast auf 100% der direkten Steuern gestiegen, denn ausser den obenerwähnten festen 75% werden noch Zuschläge für Steuerverwaltung, für Heeresbedürfnisse und Brückenbauten erhoben, die für jedes Jahr bestimmt werden. Dieselben dürfen jede für sich 6% nicht übersteigen, also alle drei zusammen nicht 18% der direkten Staatssteuern.

Die Erträgnisse der staatlichen Zuschlagssteuer stiegen von 7 919 610,83 Frs. im Jahre 1894 bis 10 486 186,63 Frs. im Jahre 1901. Im Jahre 1900 erreichten dieselben sogar die Höhe von 12 416 286,54 Frs. infolge der grösseren Gewerbesteuererträgnisse. Dem gegenüber beliefen sich die Gesamterträgnisse der direkten Staatssteuern im Jahre 1901 auf 13 573 715,83 Frs.

Aus diesem finanziellen Ergebnis geht hervor, dass diese Zuschläge, durch welche die angeführten Mängel des Steuersystems in sehr hohem Masse verschärft werden, für den Staat eine wichtige Einnahmequelle bilden.

Die direkten Steuern im Budget.

Im folgenden wollen wir die Stellung der direkten Steuern im Budget, ihr Verhältnis zu den Gesamtstaatseinnahmen und ihre Verteilung auf die Bevölkerung behandeln.

Die gesamten Staatseinnahmen beliefen sich auf:

Benennung der Einnahmequellen	1895	1896	1897	1898	1899	1900	1901
Direkte Steuern	10 723 581,70	10 319 403,60	10 642 835,31	10 903 215,80	11 703 149,84	15 870 169,79	14 389 489,44
Umsatz-Steuer	1 985 119,95	2 225 170,25	2 672 254,92	2 753 325,26	3 196 134,21	2 764 336,30	2 804 531,07
Staatl. Zuschlag-Steuer . .	6 648 620,65	6 398 030,24	6 598 557,73	8 177 411,85	8 777 362,29	9 877 000,00	8 991 863,07
Zoll, Octrois- und Bergwab.	7 475 308,48	7 711 087,99	8 870 565,66	9 222 623,98	10 978 070,52	9 978 468,60	9 683 492,84
Monopole	15 707 058,75	15 958 756,82	16 307 059,03	16 804 961,92	19 131 654,78	20 329 220,91	20 074 750,27
Gebühren und Taxen . . .	2 158 798,30	2 314 006,14	2 486 218,51	2 443 496,35	3 499 679,89	3 612 109,18	2 734 431,39
Eisenb., Post, Telegr., Bank usw.	8 888 955,16	9 667 168,53	8 815 874,03	9 578 651,77	9 004 469,58	10 575 361,89	10 779 802,83
Fonds	682 715,22	639 399,79	694 046,93	758 051,98	660 000,00	49 968,86	34 562,70
Verschiedene Einnahmen . .	4 322 140,11	4 400 168,99	4 559 457,51	5 198 470,62	5 145 476,15	2 241 475,27	2 729 431,83
Einnahme ausser dem Budget	? ? ?	10 603 555,55	8 712 068,34	24 279 325,16	22 775 296,62	1 814 167,95	19 866 991,12
Total in Frs.	58 592 298,32	70 236 747,90	70 358 937,97	90 119 534,96	94 871 293,88	77 112 278,73	92 089 346,56

Zu diesen Staatseinnahmen verhielten sich die Staatsausgaben folgendermassen:

Jahrgang	Summe in Frs.
1895	63 760 088,17
1896	63 688 638,18
1897	72 123 620,81
1898	79 163 373,45
1899	77 242 592,00
1900	78 710 708,13
1901	79 597 514,61

Es kommen für das Jahr 1895 pro Kopf der Bevölkerung 23,09 Frs. Gesamtstaatseinnahmen; für das Jahr 1900 — 30,17 Frs. (gerechnet ohne Einnahmen ausser Budget.)[1]) Die Gesamtausausgaben dagegen waren im Jahre 1895 — 26,83 Frs., im Jahre 1900 — 31,57 Frs. pro Kopf. Von jenen Gesamteinnahmen kommen auf direkte Steuern (Ertragssteuern, Ergänzungs- und staatliche Zuschlagssteuer) pro Kopf der Bevölkerung:

Jahrgang	Direkte Steuern	Staatliche Zuschlagssteuer	Ergänzungssteuer	Insgesamt
1895	5,57	3,45	0,31	9,33
1896	5,51	3,42	0,26	9,19
1897	5,53	3,63	0,33	9,49
1898	5,37	4,02	0,18	9,57
1899	5,57	3,45	0,31	9,39
1900	6,44	4,98	0,40	11,82
1901	5,35	4,13	0,34	9,82

In Bulgarien kommt — um dies zum Vergleich heranzuziehen — pro Kopf der Bevölkerung direkter Steuern im Jahre 1888 — 9,78 Frs.; 1893 — 12,50 Frs.; 1899 — 9,53 Frs.[2])

Bis zum Jahre 1900 waren die direkten Steuern in Serbien ziemlich beständig, sie betrugen etwas über 9 Frs. pro Kopf der Bevölkerung. Erst im Jahre 1900 zeigte sich eine Abweichung, indem sie infolge der Reform der Gewerbesteuer auf 11,82 Frs. pro Kopf stiegen. Im Jahre 1901 sanken sie wieder auf 9,82 Frs. pro Kopf, da das Gewerbesteuergesetz von 1900 zurückgezogen wurde.

Das prozentuale Verhältnis der direkten Steuern ohne „Umsatzsteuer", die in der serbischen Statistik unter direkten (Ertragssteuern) registriert wird,[3]) zu den Gesamtein-

[1]) Serbiens Bevölkerung belief sich im Jahre 1895 auf 2 283 434 Einwohner und im Jahre 1900 auf 2 492 882 Einwohner.

[2]) Dr. Drenkoff, Steuerverhältnisse Bulgariens. Jena 1900 S. 130.

[3]) S. Seite 38.

nahmen (Einnahme ausser Budget bei dieser Berechnung ausgeschaltet) betrug:

Jahr	Prozent der Staatseinnahmen	Ertragssteuereinnahmen
1895	29	17 372 202,35
1896	27	16 717 433,84
1897	27	17 240 393,03
1898	28	19 080 627,75
1899	27	19 950 512,13
1900	30	22 754 202,26
Durchschnittlich	27,66	18 852 561,00

Wenn wir die anderen europäischen Staaten zum Vergleich heranziehen, so sehen wir, dass in Italien von den Gesamtstaatseinnahmen 29 % direkte Steuern sind; in Ungarn 20 %; in Österreich 16,50 %; in Frankreich 14,40 %; in England 13,60 %; in Russland 6,93 %.[1]) Daraus geht hervor, dass in Serbien die direkten Steuer im Budget eine grössere Rolle spielen als in anderen europäischen Staaten, ausgenommen Italien.

Neben den Ertragssteuern bestehen in Serbien noch Aufwandssteuern. Die von diesen getroffenen Waren hat der Staat fast alle monopolisiert. So bei den Aufwandssteuern auf Tabak, Salz, Petroleum, chem. Alkohol (nicht Branntwein), Streichhölzer, Zigarettenpapier, Schiesspulver und Dynamit. Die Aufwandssteuern werfen sehr reiche Erträgnisse ab, obgleich die Form, in welcher sie erhoben werden, nicht einwandsfrei ist. Dadurch, dass die wichtigsten und lohnendsten Industriezweige Monopole sind, wird der Privatindustrie ein reiches und lohnendes Feld der Tätigkeit entzogen; ausserdem sind die von der Monopolverwaltung hergestellten Fabrikate schlechter als die der freien Industrie, was allerdings auf einer inneren Notwendigkeit nicht beruht.

Vom finanzwirtschaftlichen Standpunkte aus sind die Aufwandssteuern ein unentbehrliches Mittel zur Vermeidung einer einseitigen Belastung des Erwerbsvermögens, indem sie die Steuerlast verhältnismässig auch auf das Verbrauchs- und Nutzungsvermögen zu verteilen gestatten, den Steuerbedarf zu einem erheblichen Teile dem zeitlichen Prozess der Wirtschaftsbetätigung und der Einkommensgewinnung anpassen und dadurch einen übermässigen, in ihrer Gesamthöhe als solcher nicht begründeten Druck der Steuerlast verhindern.[2])

[1]) Wörterbuch der Staatswissenschaften. Art. Gewerbesteuer S. 556.

[2]) Schall, Allgemeine Steuerlehre in Schönbergs Handbuch III, I. S. 320.

Die Erträgnisse der Aufwandssteuern waren folgende:

Monopole	1894	1895	1896	1897	1898	1899	1900	1901
Tabak	9 329 076,30	9 226 105,92	9 371 642,55	9 456 515,77	9 905 834,53	10 858 971,09	12 341 623,56	11 677 118,34
Salz	3 185 301,30	3 289 210,34	3 261 760,54	3 331 211,08	3 195 064,71	4 707 347,66	4 174 770,00	4 432 774,43
Petroleum . . .	1 046 322,24	2 340 488,66	2 231 311,08	2 387 496,96	2 490 225,92	2 417 915,30	2 517 413,42	2 575 609,18
Alkohol	66 915,91	45 902,25	30 324,95	36 706,47	38 913,52	31 670,54	31 856,92	48 574,64
Streichhölzer . .	215 936,48	318 815,84	314 187,29	331 332,19	308 956,31	330 121,95	441 080,07	446 915,89
Zigarettenpapier .	67 026,47	364 388,67	571 469,37	586 639,09	697 325,27	600 886,47	821 406,66	851 055,71
Staatsdruckerei .	156 904,60	108 665,17	178 061,04	159 865,47	168 641,66	184 641,77	1 062,28	4 115,50
Dynamit u. Schiesspulver	19 405,61	13 481,90	? ? ?	17 292,00	? ? ?	100,00	? ? ?	38 586.58
Total in Frs.	14 086 888,91	15 707 058,75	15 958 756,82	16 307 057,03	16 804 961,92	19 131 654,78	20 329 220,91	20 074 750,27

Aus dieser Tabelle ersehen wir, dass die Erträgnisse der Aufwandssteuern in fortwährender Steigerung begriffen sind. Von 14086888,91 im Jahre 1894 stiegen sie auf 20074750,27 im Jahre 1901. Diese Zunahme ist erstens sowohl dem Wachstum der Bevölkerung als auch dem des Wohlstandes zuzuschreiben und zweitens der Erhöhung der Verkaufspreise, in der ersten Hälfte des Jahres 1899, besonders für Tabak und Salz; diesem letzterem Umstand wohl vielmehr als dem ersteren, denn die Zunahme der Bevölkerung bleibt hinter derjenigen der Aufwandssteuern zu stark zurück. Die Bevölkerung belief sich in derselben Periode (1894—1900) auf:

Jahr	Bevölkerungszahl
1894	2 250 712
1895	2 283 434
1896	2 312 484
1897	2 345 837
1898	2 413 694
1899	2 450 392
1900	2 492 882

Im Gegensatz zu den Aufwandssteuern, die in ihren Erträgnissen immer schwanken, sind die Ertragssteuern ihrer Natur nach ziemlich stabil, und wenn ihre Erträgnisse steigen, dann steigen sie stetig wenn auch langsam, ausgenommen die der Grundsteuer, deren Unterlage, der nutzbare Boden, eine im wesentlichen gegebene Grösse ist. Die Erträgnisse der direkten resp. Ertragssteuern sind sichere, und der Staat kann immer mit Bestimmtheit darauf rechnen, während die indirekten resp. Aufwandssteuern den Staat in kritischen Zeiten, in denen der Verbrauch und Aufwand allgemein zurückgeht, gewöhnlich im Stiche lassen.

Was die Erhebung der direkten Steuern anbetrifft, so gelang es dem Fiskus nicht mehr als durchschnittlich 65—68 % der veranlagten Steuern einzuziehen.

In manchen Kreisen ist der Prozentsatz der erhobenen Steuern sogar unter 50 % geblieben. In Belgrad, der Residenzstadt, gingen im Jahre 1894 nur 47,55 % von den veranlagten Steuern ein!

Das unter solchen Verhältnissen ein Gleichgewicht im Budget nicht erzielt werden kann ist klar. Deshalb musste dieser grosse Ausfall der Steuereinnahmen fast regelmässig mit Einnahmen ausser dem Budget, d. h. mit Anleihen gedeckt werden.

Wir führen hier die statistischen Daten für die Jahre 1894 bis 1901 an, woraus wir das Verhältnis zwischen den veranlagten und erhobenen Steuern, und ebenso Steuerrückstände und Nachlässen ersehen können:

Jahrgang	Direkte, Ergänzungs und staatliche Zuschlagssteuern veranlagt	von veranlagten Steuern wurden			in Prozenten		
		erhoben	Nachlässe	nichterhoben (Steuerrückstände)	erhoben	Nachlässe	Steuerrückstände
1894	33 240 617,45	21 663 939,00	400 391,65	11 176 286,80	65,17	1,21	33,62
1895	32 806 865,79	20 988 316,11	561 645,38	11 256 904,30	63,98	1,71	34,31
1896	32 610 501,56	19 956 803,02	719 825,12	11 933 873,42	61,20	2,21	36,59
1897	34 382 483,90	21 373 093,29	1 797 964,26	11 211 426,35	62,16	5,23	32,61
1898	34 987 830,67	23 935 420,49	1 274 542,60	9 888 867,58	68,41	3,64	27,95
1899	33 436 742,13	25 143 571,52	1 940 022,81	6 353 147,80	75,20	5,80	19,00
1900	36 455 877,82	26 040 028,12	3 467 390,95	6 948 458,75	71,43	9,51	19,06
1901	32 167 874,04	23 718 450,30	1 778 639,86	6 670 783,88	73,93	5,53	20,74

Der Prozentsatz der Steuerrückstände (nicht erhobenen Steuern) ist von 33,62 % im Jahre 1894 auf 20,74 % im Jahre 1901 gesunken. Dagegen ist der Prozentsatz der erhobenen Steuern nicht in demselben Masse gestiegen, denn im Jahre 1894 waren 65,17 % und im Jahre 1901 73,93 %, stieg also nur um 8 %. Der Prozentsatz der Steuerausfälle hingegen, die teils ihre Ursache in unrichtiger Veranlagung hatten, teils in erfolgreicher Geltendmachung veränderter Vermögensverhältnisse — ist immer grösser geworden, von 1,21 % im Jahre 1894 stieg er im Jahre 1901 auf 5,53 %. Einen besonders hohen Prozentsatz, 9,51 zeigen die Steuernachlässe im Jahre 1900, eine Erscheinung, die auf das neue Gewerbesteuergesetz desselben Jahres zurückzuführen ist. Wie wir gesehen haben, fand die Veranlagung nicht auf dem gesetzlichen Wege statt, sondern auf Grund eines Kompromisses mit den Belgrader Kaufleuten. In der Stadt Belgrad betrug jener Prozentsatz sogar 32,71. Aus der Tabelle sieht man noch, dass, je mehr das Prozent der Steuerrückstände (nicht erhobenen Steuern) sinkt, das Prozent der erlassenen steigt. Durchschnittlich war für die Periode von 1894—1900 das Prozent der erhobenen Steuern 66,78, der erlassenen 4,18 und der Steuerrückstände 29,02.

Von den veranlagten Steuern, die für das betreffende Jahr

nicht erhoben werden konnten, geht ein Teil noch vor der Verjährung ein; so werden nachträglich erhoben:

Jahrgang	Summe in Frs.
1894	4 711 459,73
1895	3 644 706,70
1896	3 090 269,99
1897	3 732 911,25
1898	4 119 257,51
1899	3 806 302,52
1900	2 569 744,48

Um einer Verjährung vorzubeugen (denn die veranlagten Steuern verjähren innerhalb fünf Jahren, das Veranlagungsjahr mitgerechnet) wurde am 30. März 1891 eine Novelle eingebracht, die bestimmte, dass jede Bemühung der Steuerbehörden, die Steuern zu erheben, die Verjährung unterbricht, und diese erst wieder in fünf Jahren eintritt, vorausgesetzt, dass sich die Steuerbehörde nicht abermals innerhalb dieser Zeit die Eintreibung hat angelegen sein lassen.

In nachfolgender Tabelle (S. 58—59) bringen wir die Veranlagungssumme der einzelnen direkten Steuern. Die Erträgnisse der Ertragssteuern waren bis zum Jahre 1900 ziemlich ständig. Das Jahr 1900 brachte Schwankungen infolge der grösseren Erträgnisse der Gewerbesteuer. Die Erträgnisse der Kapitalrenten- und Gewerbesteuer sind bis zum Jahre 1900 zusammengefasst. Sie beide zusammen brachten zwischen 835 000 Frs. im Jahre 1895 und 942 000 Frs. im Jahre 1897 ein. Erst nach Gewerbesteuerreform im Jahre 1900 wurden die Erträgnisse dieser beiden Steuern getrennt verzeichnet und die Gewerbesteuererträgnisse mit der Lohn- und Besoldungssteuer zusammen angeführt.[1]) Aus welchem Grunde dies das Serbische Statistische Amt tat, ist nicht ersichtlich, da diese drei Steuern nichts gemeinsames haben.

Nach der Ausscheidung der Gewerbesteuererträgnisse bleiben als Erträgnisse der Kapitalrentensteuer nur 288 381,54 Frs. oder 0,74 %. Hieraus erkennt man, welch geringe Erträgnisse die Gewerbesteuer vor der Reform abwarf. Sie können nur ungefähr 600 000 Frs. betragen haben, während sie nach der Reform alsbald auf annähernd 3 000 000 Frs. stiegen. Nach der Zurückziehung des betreffenden Gewerbesteuergesetzes sanken auch

[1]) Siehe in den beiden Tabellen die * und ** Zeichen.

Ertragssteuern mit Kopfsteuer (Veranlagt)						
Jahr	Grundsteuer	Gebäudesteuer	Kapitalrentensteuer und Gewerbesteuer	Lohn-, Besoldungssteuer	Kopfsteuer	Total
1894	7028646,69	622336,81	913407,98	867073,15	3399906,04	12831370,67
1895	6941608,09	636660,14	835667,57	872050,90	3436677,55	12722664,25
1896	6891771,25	666380,53	837684,92	892893,34	3460115,80	12748845,84
1897	6887759,07	687435,99	942889,37	966943,51	3488601,77	12973629,71
1898	6845233,30	685825,06	881554,48	1066747,16	3485996,32	12965356,32
1899	6789953,11	683863,09	880224,60	1081193,35	3468019,27	12903253,42
1900	6763856,26	686284,39	288381,54*	4592500,97**	3710740,39	16041764,15
1901	6652973,92	704105,39	318406,01	2330370,43	3567860,08	13573715,83

die Erträgnisse der Gewerbesteuer, doch sind sie immerhin grösser als sie während der Besteuerung nach dem Gesetze vom Jahre 1884 waren. Vom finanzwissenschaftlichen Standpunkt aus unterliegt diese Gewerbesteuerreform, wie wir angeführt haben, grossen Einwendungen. Sie wird nur verständlich, wenn man bedenkt, dass die Reform bloss aus fiskalischen Gründen zustande kam. Der Zweck der Regierung bei dieser Reform war nicht, eine gute und gerechte Gewerbebesteuerung zu erzielen, sondern, in kurzer Zeit eine Einnahmequelle zu erschliessen, welche die Lücke in dem Einnahme-Budget auszufüllen imstande wäre.

In folgender Tabelle bringen wir das prozentuale Verhältnis der einzelnen Ertragssteuern zueinander, sowie zu den Gesamtsteuererträgnissen:

Jahrgang	Grundsteuer	Gebäudesteuer	Kapitalrenten- und Gewerbesteuer	Lohn-, Besoldungssteuer	Kopfsteuer	Total	Staatliche Zuschlagssteuer	Ergänzungssteuer	Zinsen und Strafgelder	Früher veranlagte und jetzt erhobene Steuern	Total
1894	19,72	1,75	2,56	2,43	9,54	36,00	22,23	7,99	0,92	32,86	100,00
1895	20,06	1,87	2,42	2,52	9,93	36,77	22,74	6,33	0,88	32,28	100,00
1896	19,83	1,92	2,41	2,57	9,96	36,69	22,74	7,17	0,73	32,67	100,00
1897	18,62	1,86	2,55	2,61	9,43	35,07	23,01	8,22	0,97	32,73	100,00
1898	18,28	1,83	2,35	2,85	9,31	34,62	25,90	7,74	1,35	30,39	100,00
1899	18,70	1,86	2,42	2,98	9,55	35,53	26,62	9,15	1,46	27,24	100,00
1900	17,38	1,76	0,74*	11,80**	9,53	41,21	31,90	7,75	1,16	17,98	100,00
1901	19,21	2,03	0,92	6,72	10,31	39,19	30,28	8,26	1,37	20,90	100,00

Staatliche Zuschlags-steuer	Umsatz- u. Ergänzungs-steuer	Zinsen und Strafgelder	in früheren Jahren ver-anlagte und später erhobene Steuern.	Total
7 919 610,83	2 846 115,74	331 036,54	11 708 250,98	35 636 384,76
7 869 443,78	2 193 355,50	303 089,46	11 516 040,52	34 604 593,51
7 900 471,07	2 493 045,44	252 515,59	11 354 964,64	34 749 842,58
8 511 979,98	3 043 253,27	357 799,67	12 110 421,56	36 997 084,19
9 698 511,20	2 897 723,99	504 292,96	11 377 332,63	37 443 217,10
9 668 342,06	3 322 841,36	533 445,43	9 881 682,53	36 390 564,80
12 416 286,54	3 017 545,13	450 014,15	7 001 745,82	38 927 355,79
10 486 186,63	2 861 520,38	473 465,93	7 240 418,55	34 635 307,32

Die grösste Summe wirft danach die Grundsteuer ab, doch nahmen, wie wir gesehen haben, ihre Erträgnisse von Jahr zu Jahr ab.

Die Personalsteuer (Kopfsteuer) wirft einen Ertrag von über 3 Millionen Frs. ab, sie ist auch ziemlich ständig, da die Zunahme unbedeutend ist.

Erheblich ist das finanzielle Ergebnis der staatlichen Zuschlagssteuer. Sie wird in der Höhe von 75 % zu den direkten Steuern erhoben. (§ 76). Die Erträgnisse derselben stiegen von 7 919 610,83 Ers. im Jahre 1894 bis 10 486 186,63 Frs. im Jahre 1901.

Die Gesamtergebnisse der direkten Steuern (nebst Umsatz-Steuer) waren folgende: (Siehe Tabelle auf S. 60.)

Die Erträge der direkten und Staatszuschlagssteuer stiegen von 16 399 022,96 Frs. im Jahre 1894 auf 20 630 629,44 im Jahre 1901. Im Jahre 1900 war die Summe derselben 22 754 202,26 Frs. infolge der Reformierung der Gewerbesteuer. Zusammen mit der Umsatzsteuer und den in früheren Jahren veranlagten und bis dahin nicht erhobenen Steuern betrug die Summe 24 059 706,11 Frs. im Jahre 1894 und im Jahre 1901 26 185 883,58 Frs. Nicht uninteressant ist es, dass die Strafgelder in Steuersachen von 8 707,72 Frs. im Jahre 1894 auf 55 773,29 im Jahre 1899 gestiegen sind, woraus zu schliessen ist, dass die Unrichtigkeit der Selbstdeklarationen sehr zunimmt, bzw. dass die vorgekommenen Defraudationen in wachsendem Masse aufgedeckt wurden.

Jahr	Direkte und staatliche Zuschlagssteuer	Ergänzungssteuer	Zinsen auf Steuer	Strafgelder	Total	Umsatzsteuer	Erhobene in früheren Jahren veranlagte Steuer	Total
1894	16 399 022,96	222 419,77	322 328,62	8 707,72	16 952 479,57	2 395 767,31	4 711 459,73	24 059 706,11
1895	16 818 859,20	221 660,79	283 312,41	19 777,05	17 343 609,45	1 797 727,72	3 644 706,70	22 786 043,87
1896	16 403 982,03	210 035,41	236 170,93	16 344,66	16 866 533,03	2 139 341,02	3 090 269,99	22 096 144,04
1897	17 038 258,76	244 123,61	317 100,30	40 699,37	17 640 182,04	2 614 600,29	3 732 911,25	23 987 693,58
1898	19 008 580,54	303 289,48	468 602,25	35 690,71	19 816 162,98	2 455 386,43	4 119 257,51	26 390 806,92
1899	20 480 512,03	323 311,54	477 672,14	55 773,29	21 337 269,00	2 878 822,67	3 806 302,52	28 022 394,19
1900	22 754 202,26	292 858,33	377 392,34	45 830,71	23 470 283,64	2 471 477,97	2 569 744,48	28 511 506,09
1901	20 630 629,44	342 792,05	351 271,99	28 094,73	21 352 788,21	2 461 739,02	2 371 356,35	26 185 883,58

Schlussbetrachtungen.

Nach allem bis jetzt Geschilderten besitzt Serbien ein reines Ertragssteuersystem. Dass dieses System, so wie es in Serbien zur Durchführung kam, grosse Mängel und Schattenseiten aufweist, haben wir schon eingehend bei den einzelnen Steuerarten behandelt. Vor allem trägt das ganze System dem Grundsatz der Gerechtigkeit keine Rechnung. Jede dieser fünf Ertragssteuern, Grund-, Haus-, Gewerbe-, Kapitalrenten- und Besoldungssteuer, belastet die einzelnen Erträge mit gesonderter Veranlagung und gesonderter Steuererhebung nach verschiedenen Grundsätzen. Auch fehlt einem Ertragssteuersystem die Möglichkeit des Abzugs der Schuldzinsen. Der Bauer leidet in Serbien schon ziemlich an zu grosser Parzellierung seines Eigentums und primitiver Betriebssystemen, so dass er diesen Umstand, die Nichtbefreiung der Schuldzinsen schmerzlich empfindet. Auch wiederstrebt dem sozialpolitischen Gefühl das Fehlen eines Existenzminimus im Systeme. Im Gesetze sind nur Freiheiten für erwerbsunfähige Personen, ebenso für Waisen und für die Mitglieder der Zadruga vorgesehen.

Ferner ist das fundierte Einkommen im Vergleich mit dem unfundierten zu niedrig besteuert. Dies tritt hauptsächlich bei dem Ertragssteuersystem in Erscheinung, da es schwer ist, eine Verhältnismässigkeit zwischen den einzelnen Steuerobjekten herzustellen.

Diese ganz verschieden gearteten Steuern in dem Systeme, werden nun wieder gleichmässig durch die in Prozenten ausgedrückte staatliche Zuschlagssteuer behandelt, wodurch sich die Härte dieser Besteuerung vermehren.

Die Anwendung der Staatszuschlagssteuer ist in Serbien eine sehr verbreitete. Diese Steuer sollte vollständig beseitigt werden, umsomehr, weil man in Serbien ihre leichte Einführung und Handhabung bis jetzt meistenteils missbraucht hat. Sobald die Regierung in Geldverlegenheit gerät, ist das bequemste Mittel zur Beseitigung derselben eine vorübergehende Erhöhung dieser Steuer von 75 % bisweilen um 40 %. Diese Steuer ist in Serbien die unbeliebteste, weil nicht nur der Staat selbst fast die Hälfte seiner Steuereinnahmen aus der Zuschlagssteuer gewinnt, sondern, auch die öffentlichen Korporationen auf dieses

System der Besteuerung angewiesen sind, so dass ein Steuerpflichtiger regelmässig an Umlagen und Zuschlägen bis zu 150% der staatlichen direkten Steuern zu leisten hat. Selbstredend verschärft diese ungesunde Steuerpolitik die Mängel der Ertragssteuern in hohem Masse.

Es liegt nahe, dass dieses Ertragsteuersystem wegen der bis jetzt angeführten Mängel, einer gründlichen Reformierung bedarf. Auf die Einzelheiten der Reformierung können wir hier nicht eingehen, wir wollen nur den Weg dieser Reformierung angeben.

Eheberg in seiner Finanzwissenschaft S. 256—257 (Achte Auflage 1906) gibt dreierlei Wege für eine Reform des Ertragssteuersystems an: entweder man gibt die Ertragssteuern ganz auf und setzt an ihre Stelle eine allgemeine Einkommensteuer, oder man leitet die Ertragssteuern so gut es eben geht in spezielle Einkommensteuern über, indem man bei jeder die individuellen Verhältnisse berücksichtigt, oder endlich man lässt die Ertragssteuern unter Vornahme der nötigen Einzelreformen bestehen und ergänzt sie durch eine allgemeine Einkommensteuer.

In einem Lande, in welchem seit längerer Zeit das Ertragssteuersystem ausgebildet ist und die Bevölkerung, sowie die Steuerbehörde an dasselbe gewöhnt sind, scheint der letzte Weg der angemessenste zu sein. Die Ertragssteuern können dann in einer mässigen Höhe gehalten werden, in der ihre spezifischen Nachteile nicht so sehr hervortreten, man ist nicht wie bei dem zweiten Weg genötigt, von ihnen etwas zu verlangen, was sie ihrer Natur nach nicht leisten können, und vermeidet schädliche Sprünge in der Finanzverwaltung. Lässt man dabei die Arbeitsertragssteuer unter der oben angedeuteten Reform in der allgemeinen Einkommensteuer aufgehen, so erreicht man damit den Vorteil, dass der Unterschied der Leistungsfähigkeit von fundiertem und nichtfundiertem Einkommen bei der Besteuerung in der Art zur Geltung gebracht werden kann, dass das erstere zweimal das letztere nur einmal getroffen wird, sowie den weiteren Vorteil, dass in der Einkommensteuer die verschuldeten Steuersubjekte entlastet und die persönlichen Verhältnisse berücksichtigt werden können. Es würden bei einer solchen Reform die Ertragssteuern in der Hauptsache zu einer einheitlichen allgemeinen Vermögenssteuer mit Spezialwertkatastern für jedes einzelne Er-